SAS

SAMBA POUR SAS

DU MÊME AUTEUR

N° 1. S.A.S. A ISTANBUL
N° 2. S.A.S. CONTRE C.I.A.
N° 3. S.A.S. OPÉRATION APOCALYPSE
N° 4. SAMBA POUR S.A.S.
N° 5. S.A.S. RENDEZ-VOUS A SAN FRANCISCO
N° 6. S.A.S. DOSSIER KENNEDY
N° 7. S.A.S. BROIE DU NOIR
N° 8. S.A.S. AUX CARAÏBES
N° 9. S.A.S. A L'OUEST DE JERUSALEM
N° 10. S.A.S. L'OR DE LA RIVIERE KWAI
N° 11. S.A.S. MAGIE NOIRE A NEW YORK
N° 12. S.A.S. LES TROIS VEUVES DE HONG KONG
N° 13. S.A.S. L'ABOMINABLE SIRÈNE
N° 14. S.A.S. LES PENDUS DE BAGDAD
N° 15. S.A.S. LA PANTHÈRE D'HOLLYWOOD
N° 16. S.A.S. ESCALE A PAGO-PAGO
N° 17. S.A.S. AMOK A BALI
N° 18. S.A.S. QUE VIVA GUEVARA
N° 19. S.A.S. CYCLONE A L'ONU
N° 20. S.A.S. MISSION A SAÏGON
N° 21. S.A.S. LE BAL DE LA COMTESSE ADLER
N° 22. S.A.S. LES PARIAS DE CEYLAN
N° 23. S.A.S. MASSACRE A AMMAN
N° 24. S.A.S. REQUIEM POUR TONTONS MACOUTES
N° 25. S.A.S. L'HOMME DE KABUL
N° 26. S.A.S. MORT A BEYROUTH
N° 27. S.A.S. SAFARI A LA PAZ
N° 28. S.A.S. L'HEROÏNE DE VIENTIANE
N° 29. S.A.S. BERLIN CHECK POINT CHARLIE
N° 30. S.A.S. MOURIR POUR ZANZIBAR
N° 31. S.A.S. L'ANGE DE MONTEVIDEO
N° 32. S.A.S. MURDER INC. LAS VEGAS
N° 33. S.A.S. RENDEZ-VOUS A BORIS GLEB
N° 34. S.A.S. KILL HENRY KISSINGER !
N° 35. S.A.S. ROULETTE CAMBODGIENNE
N° 36. S.A.S. FURIE A BELFAST
N° 37. S.A.S. GUÊPIER EN ANGOLA
N° 38. S.A.S. LES OTAGES DE TOKYO
N° 39. S.A.S. L'ORDRE RÈGNE A SANTIAGO
N° 40. S.A.S. LES SORCIERS DU TAGE
N° 41. S.A.S. EMBARGO
N° 42. S.A.S. LE DISPARU DE SINGAPOUR
N° 43. S.A.S. COMPTE A REBOURS EN RHODESIE
N° 44. S.A.S. MEURTRE A ATHENES
N° 45. S.A.S. LE TRÉSOR DU NEGUS
N° 46. S.A.S. PROTECTION POUR TEDDY BEAR
N° 47. S.A.S. MISSION IMPOSSIBLE EN SOMALIE
N° 48. S.A.S. MARATHON A SPANISH HARLEM
N° 49. S.A.S. NAUFRAGE AUX SEYCHELLES
N° 50. S.A.S. LE PRINTEMPS DE VARSOVIE
N° 51. S.A.S. LE GARDIEN D'ISRAËL
N° 52. S.A.S. PANIQUE AU ZAÏRE
N° 53. S.A.S. CROISADE A MANAGUA
N° 54. S.A.S. VOIR MALTE ET MOURIR
N° 55. S.A.S. SHANGHAÏ EXPRESS
N° 56. S.A.S. OPÉRATION MATADOR

N° 57. S.A.S. DUEL A BARRANQUILLA
N° 58. S.A.S. PIEGE A BUDAPEST
N° 59. S.A.S. CARNAGE A ABU DHABI
N° 60. S.A.S. TERREUR AU SAN SALVADOR
N° 61. S.A.S. LE COMPLOT DU CAIRE
N° 62. S.A.S. VENGEANDE ROMAINE
N° 63. S.A.S. DES ARMES POUR KHARTOUM
N° 64. S.A.S. TORNADE SUR MANILLE
N° 65. S.A.S. LE FUGITIF DE HAMBOURG
N° 66. S.A.S. OBJECTIF REAGAN
N° 67. S.A.S. ROUGE GRENADE
N° 68. S.A.S. COMMANDO SUR TUNIS
N° 69. S.A.S. LE TUEUR DE MIAMI
N° 70. S.A.S. LA FILIERE BULGARE
N° 71. S.A.S. AVENTURE AU SURINAM
N° 72. S.A.S. EMBUSCADE A LA KHYBER PASS
N° 73. S.A.S. LE VOL 007 NE RÉPOND PLUS
N° 74. S.A.S. LES FOUS DE BAALBEK
N° 75. S.A.S. LES ENRAGÉS D'AMSTERDAM
N° 76. S.A.S. PUTSCH A OUAGADOUGOU
N° 77. S.A.S. LA BLONDE DE PRÉTORIA
N° 78. S.A.S. LA VEUVE DE L'AYATOLLAH
N° 79. S.A.S. CHASSE A L'HOMME AU PEROU
N° 80. S.A.S. L'AFFAIRE KIRSANOV
N° 81. S.A.S. MORT A GANDHI
N° 82. S.A.S. DANSE MACABRE A BELGRADE
N° 83. S.A.S. COUP D'ÉTAT AU YEMEN
N° 84. S.A.S. LE PLAN NASSER
N° 85. S.A.S. EMBROUILLES A PANAMA
N° 86. S.A.S. LA MADONNE DE STOCKHOLM
N° 87. S.A.S. L'OTAGE D'OMAN
N° 88. S.A.S. ESCALE A GIBRALTAR
N° 89. S.A.S. AVENTURE EN SIERRA LEONE
N° 90. S.A.S. LA TAUPE DE LANGLEY
N° 91. S.A.S. LES AMAZONES DE PYONGYANG
N° 92. S.A.S. LES TUEURS DE BRUXELLES
N° 93. S.A.S. VISA POUR CUBA
N° 94. S.A.S. ARNAQUE A BRUNEI
N° 95. S.A.S. LOI MARTIALE A KABOUL
N° 96. S.A.S. L'INCONNU DE LENINGRAD.
N° 97. S.A.S. CAUCHEMAR EN COLOMBIE
N° 98. S.A.S. CROISADE EN BIRMANIE
N° 99. S.A.S. MISSION A MOSCOU
N° 100. S.A.S. LES CANONS DE BAGDAD
N° 101. S.A.S. LA PISTE DE BRAZZAVILLE
N° 102. S.A.S. LA SOLUTION ROUGE
N° 103. S.A.S. LA VENGEANCE DE SADDAM HUSSEIN
N° 104. S.A.S. MANIP A ZAGREB
N° 105. S.A.S. KGB CONTRE KGB
N° 106. S.A.S. LE DISPARU DES CANARIES
N° 107. S.A.S. ALERTE AU PLUTONIUM
N° 108. S.A.S. COUP D'ETAT A TRIPOLI
N° 109. S.A.S. MISSION SARAJEVO
N° 110. S.A.S. TUEZ RIGOBERTA MENCHU
N° 111. S.A.S. AU NOM D'ALLAH
N° 112. S.A.S. VENGEANCE A BEYROUTH

N° 113. S.A.S. LES TROMPETTES DE JÉRICHO
N° 114. S.A.S. L'OR DE MOSCOU
N° 115. S.A.S. LES CROISÉS DE L'APARTHEID
N° 116. S.A.S. LA TRAQUE CARLOS
N° 117. S.A.S. TUERIE A MARRAKECH
N° 118. S.A.S. L'OTAGE DU TRIANGLE D'OR
N° 119. S.A.S. LE CARTEL DE SEBASTOPOL
N° 120. S.A.S. RAMENEZ-MOI LA TÊTE D'EL COYOTE
N° 121. S.A.S. LA RÉSOLUTION 687
N° 122. S.A.S. OPÉRATION LUCIFER
N° 123. S.A.S. VENGEANCE TCHÉTCHÈNE
N° 124. S.A.S. TU TUERAS TON PROCHAIN
N° 125. S.A.S. VENGEZ LE VOL 800
N° 126. S.A.S. UNE LETTRE POUR LA MAISON BLANCHE
N° 127. S.A.S. HONG KONG EXPRESS
N° 128. S.A.S. ZAIRE ADIEU

AUX EDITIONS GERARD DE VILLIERS

N° 129. S.A.S. LA MANIPULATION YGGDRASIL
N° 130. S.A.S. MORTELLE JAMAIQUE
N° 131. S.A.S. LA PESTE NOIRE DE BAGDAD
N° 132. S.A.S. L'ESPION DU VATICAN
N° 133. S.A.S. ALBANIE MISSION IMPOSSIBLE
N° 134. S.A.S. LA SOURCE YAHALOM
N° 135. S.A.S. CONTRE P.K.K.
N° 136. S.A.S. BOMBES SUR BELGRADE
N° 137. S.A.S. LA PISTE DU KREMLIN
N° 138. S.A.S. L'AMOUR FOU DU COLONEL CHANG
N° 139. S.A.S. DJIHAD
N° 140. S.A.S. ENQUÊTES SUR UN GÉNOCIDE
N° 141. S.A.S. L'OTAGE DE JOLO
N° 142. S.A.S. TUEZ LE PAPE
N° 143. S.A.S. ARMAGEDDON
N° 144. S.A.S. LI SHA-TIN DOIT MOURIR
N° 145. S.A.S. LE ROI FOU DU NEPAL
N° 146. S.A.S. LE SABRE DE BIN LADEN
N° 147. S.A.S. LA MANIP DU « KARIN A »
N° 148. S.A.S. BIN LADEN : LA TRAQUE
N° 149. S.A.S. LE PARRAIN DU « 17-NOVEMBRE »
N° 150. S.A.S. BAGDAD EXPRESS
N° 151. S.A.S. L'OR D'AL-QAÏDA
N° 152. S.A.S. PACTE AVEC LE DIABLE
N° 153. S.A.S. RAMENEZ-LES VIVANTS
N° 154. S.A.S. LE RESEAU ISTANBUL
N° 155. S.A.S. LE JOUR DE LA TCHEKA
N° 156. S.A.S. LA CONNEXION SAOUDIENNE
N° 157. S.A.S. OTAGE EN IRAK
N° 158. S.A.S. TUEZ IOUCHTCHENKO
N° 159. S.A.S. MISSION : CUBA
N° 160. S.A.S. AURORE NOIRE
N° 161. S.A.S. LE PROGRAMME 111
N° 162. S.A.S. QUE LA BÊTE MEURE
N° 163. S.A.S. LE TRÉSOR DE SADDAM Tome I
N° 164. S.A.S. LE TRÉSOR DE SADDAM Tome II
N° 165. S.A.S. LE DOSSIER K.
N° 166. S.A.S. ROUGE LIBAN
N° 167. S.A.S. POLONIUM 210
N° 168. S.A.S. LE DÉFECTEUR DE PYONGYANG Tome I
N° 169. S.A.S. LE DÉFECTEUR DE PYONGYANG Tome II
N° 170. S.A.S. OTAGE DES TALIBAN
N° 171. S.A.S. L'AGENDA KOSOVO
N° 172. S.A.S. RETOUR A SHANGRI-LA
N° 173. S.A.S. AL-QAÏDA ATTAQUE Tome I
N° 174. S.A.S. AL-QAÏDA ATTAQUE Tome II
N° 175. S.A.S. TUEZ LE DALAI-LAMA
N° 176. S.A.S. LE PRINTEMPS DE TBILISSI
N° 177. S.A.S. PIRATES
N° 178. S.A.S. LA BATAILLE DES S 300 Tome I
N° 179. S.A.S. LA BATAILLE DES S 300 Tome II
N° 180. S.A.S. LE PIÈGE DE BANGKOK
N° 181. S.A.S. LA LISTE HARIRI
N° 182. S.A.S. LA FILIÈRE SUISSE
N° 183. S.A.S. RENEGADE Tome I
N° 184. S.A.S. RENEGADE Tome II
N° 185. S.A.S. FÉROCE GUINEE
N° 186. S.A.S. LE MAÎTRE DES HIRONDELLES
N° 187. BIENVENUE A NOUAKCHOTT
N° 188. DRAGON ROUGE Tome I
N° 189. DRAGON ROUGE Tome II
N° 190. CIUDAD JUAREZ
N° 191. LES FOUS DE BENGHAZI
N° 192. IGLAS
N° 193. LE CHEMIN DE DAMAS vol. I
N° 194. LE CHEMIN DE DAMAS vol. II
N° 195. PANIQUE À BAMAKO
N° 196. LE BEAU DANUBE ROUGE
N° 197. LES FANTÔMES DE LOCKERBIE
N° 198. SAUVE QUI PEUT À KABOUL Tome I
N° 199. SAUVE QUI PEUT À KABOUL Tome II
N° 200. LA VENGEANCE DU KREMLIN

GÉRARD DE VILLIERS

SAMBA POUR SAS

Éditions Gérard de Villiers

Retrouvez les Éditions Gérard de Villiers sur :
www.editionssas.com

Le Code de la propriété intellectuelle n'autorisant, aux termes de l'article L. 122-5, 2º et 3º a), d'une part, que les « copies ou reproductions strictement réservées à l'usage privé du copiste et non destinées à une utilisation collective », et, d'autre part, que les analyses et les courtes citations dans un but d'exemple et d'illustration, « toute représentation ou reproduction intégrale ou partielle faite sans le consentement de l'auteur ou de ses ayants droit ou ayants cause est illicite » (art. L. 122-4).
Cette représentation ou reproduction, par quelque procédé que ce soit, constituerait donc une contrefaçon santionnée par les articles L. 335-2 et suivants du Code de la propriété intellectuelle.

© Éditions Gérard de Villiers, 2014
ISBN 978-2-360-5352-31

CHAPITRE PREMIER

La musique diaboliquement rythmée de là *Samba des Langoustes* s'arrêta brusquement et une voix onctueuse enchaîna :

« Priez mes Frères. Purifiez votre âme de ses péchés comme vous lavez votre chemise. Aujourd'hui, c'est la Fête des Âmes, la fête de ceux qui sont purs. Aucune mauvaise action ne doit se commettre jusqu'à ce que le soleil se lève à nouveau... »

La voix céda la place à un chœur chantant un vieil air religieux.

L'oreille collée à son transistor débitant l'émission religieuse de Radio-Guanabara, le grand Noir dégingandé marchait en ondulant au rythme du cantique. Derrière lui, une longue file s'étirait le long du Morro Babylonia.

Isolés ou par petits groupes, les Noirs descendaient des favellas, un cierge allumé à la main. On aurait dit un ver luisant aux innombrables tentacules, serpentant sur les sentiers de chèvres au flanc des Morros.

La nuit tombait brutalement sur Rio de Janeiro, comme toujours sous les Tropiques. Les buildings modernes qui bordent le front de mer de Copacabana à Flamingo s'étaient illuminés. Dans les favellas accrochées au flanc des Morros comme de monstrueux abcès, quelques lampes à pétrole clignotaient timidement : les maisons des « riches ». Il n'y a pas de ville au monde où le luxe et la misère soient plus imbriqués qu'à Rio. Les Brésiliens ont construit des immeubles modernes sur le terrain plat, abandonnant les Morros à la jungle et aux pauvres.

En plein cœur de Rio, il suffit de lever la tête pour trouver une favella, bidonville tropical : pas d'eau, pas d'électricité, une pièce pour dix, une des plus hautes mortalités du monde et les meilleurs danseurs de samba du Brésil.

Ce soir-là, les Noirs ne dansaient pas d'entrechats en descendant vers les trottoirs en mosaïque de la ville des riches. Ils portaient gravement leur chandelle à dix cruzeiros achetée à crédit. Pour la Fête des Âmes, le premier lundi de mai, tous ceux qui en ont les moyens doivent honorer leurs morts en portant un cierge à des autels improvisés, disséminés aux quatre coins de la ville.

Il y en avait un au pied du tunnel qui relie Copacabana à Botafogo, le quartier central de Rio de

Janeiro. Déjà, des centaines de lumignons brillaient au-dessus d'une plaque expliquant que les cent seize familles de miséreux demeurant à cet endroit avant la construction du tunnel avaient été relogées dans de superbes HLM offertes par le gouverneur Lacerda. La plaque ne parlait pas des milliers de familles qui n'avaient pas eu la chance de voir un tunnel construit sur leur domicile.

Une foule silencieuse regardait brûler les cierges. À genoux ou debout, on priait.

Brusquement les cloches de toutes les églises de Rio se mirent en branle, grêles ou puissantes comme celles de Notre-Dame de Copacabana, elles égrenaient leur glas pour tous, dominant le grondement de la circulation.

Une vieille Noire rentrant de son travail, la tête dodelinant au rythme des cloches, s'immobilisa, soudain, grise de peur. À une dizaine de mètres de l'auteuil où brûlaient les cierges, sur la chaussée de l'Avenida Juliano Moreira, quatre cierges encadraient un corps étendu. Tout le monde n'avait pas suivi les saints conseils de la Fête des Âmes, selon toute apparence, car le mort portait dans le dos les stigmates d'une mort violente : deux trous d'entrée de projectiles de gros calibre.

La Noire se signa rapidement, marmotta une prière et fila à toutes jambes.

Les automobilistes évitaient respectueusement le corps et les passants le regardaient avec crainte.

Mais peu de gens s'arrêtaient. Au Brésil c'est une pratique courante, en cas d'accident ou de mort violente, de laisser le cadavre sur place, en attendant que la famille le réclame. Afin que cet abandon soit entouré de respect, on plante à même le sol quatre cierges, à la fois pour signaler et pour rendre hommage au mort.

Aussi, les Noirs du Morro Babylonia qui avaient vu les premiers le cadavre n'avaient pas hésité. Sans aller jusqu'à l'autel, ils avaient posé sur le goudron encore chaud leurs cierges, tout autour du corps, avant d'aller se recueillir. Cet accroc à leur programme leur avait même réjoui le cœur. Leur piété ne les avait pas empêchés de remarquer que le mort était bien vêtu d'un coûteux complet gris, d'une chemise immaculée et de chaussures de fin cuir noir. Bien sûr, le complet était gâché par l'énorme tache de sang qui s'élargissait dans le dos de l'homme. Mais c'était quand même bien réconfortant de se dire qu'on pouvait être aussi bien habillé et mourir dans la rue comme un pauvre des favellas.

Une voiture de police arriva et stoppa près du corps. Deux policiers en casquette en descendirent, firent un signe de croix et retournèrent le cadavre pour voir le visage. Il était couché perpendiculairement au trottoir et avait dû être abattu par-derrière alors qu'il traversait.

Il avait une quarantaine d'années, était blond et portait une chevalière à l'annulaire de la main gauche. Ses yeux étaient ouverts et il n'avait même pas l'air étonné.

Un des policiers fouilla ses poches. Il en tira d'abord un portefeuille avec le talon d'un billet d'avion plié : un aller-retour Zürich-Rio de Janeiro sur la Scandinavian Airlines System. Le vol était arrivé à Rio le matin même. Il n'y avait pas de réservation pour le retour. Dans la poche de la veste, le policier trouva un passeport américain au nom du prince Malko Linge, né à Vienne. La photo correspondait et le document semblait parfaitement régulier. Une chose l'était moins : le pistolet noir et camus qui faisait une bosse sur le ventre du mort. Il était chargé, avec une balle dans le canon.

Enfin le policier brésilien tira de la poche du pantalon une épaisse liasse de billets de cinq mille cruzeiros. Après une hésitation, il les glissa dans le portefeuille. À tout hasard il demanda à la cantonade :

— Est-ce que quelqu'un a vu quelque chose du meurtre ?

Silence de mort. Tous les yeux se tournèrent vers le cadavre. Même s'il y avait eu un témoin visuel, il se serait tu. Pourquoi perdre une bonne journée de soleil dans un commissariat, à raconter une histoire qui ne ressusciterait pas le mort ?

Mais pour une fois, c'était vrai, personne n'avait rien vu. L'homme avait été tué avec un pistolet équipé d'un silencieux, tiré d'une voiture.

Le policier haussa les épaules, lança « que personne ne touche au corps » et remonta dans la voiture de patrouille. Son ordre était bien superflu : aucun Brésilien moyen ne se risquerait à toucher un cadavre, sauf peut-être pour lui voler ses chaussures. Mais dans le cas présent il y avait trop de monde.

La foule se clairsema et le mort resta seul, protégé par ses quatre cierges et le murmure des prières montant de la foule agenouillée autour de l'autel voisin. Au fond, il était mort un bon jour, pensaient les Noirs. C'était un heureux présage pour le repos de son âme.

Les quatre cierges étaient presque consumés et la tache de sang qui suintait de la poitrine du cadavre s'était considérablement élargie, lorsque une longue voiture noire s'arrêta près du cadavre. Trois hommes en descendirent. L'un ouvrit la porte arrière du véhicule, une station-wagon, et les deux hommes empoignèrent le mort par les épaules pour le jeter sur une civière sortie de la voiture. Au passage, l'un des cierges s'éteignit, heurté par le pied du mort.

Les croque-morts n'étaient pas brésiliens. Ils remontèrent dans leur véhicule sans un regard pour les spectateurs. La voiture fit demi-tour et disparut dans le tunnel qui mène à Copacabana. Dès qu'elle fut hors de vue, des gamins se précipitèrent pour s'emparer des cierges restants. Triomphalement, ils allèrent les planter devant l'autel du Morro Babylonia et s'agenouillèrent devant, comme des grands.

Il ne restait plus qu'une tache de sang sombre, lentement bue par le goudron, et des traces de cire.

La voiture noire, pendant ce temps, suivait l'avenue Barata Tibeiro, le long de la plage de Copacabana. Elle franchit le tunnel conduisant à Ipanema, quartier résidentiel, traversa Leblon, autre district élégant et sortit de la ville par l'Avenida Niemeyer, le long de la mer. Elle suivit cette route pendant une dizaine de kilomètres vers le nord, puis obliqua à gauche vers la « Barra de Tijuca », la plus belle plage, au nord de Rio, qui s'étend sur trente kilomètres.

La Barra de Tijuca est célèbre à Rio comme étant le lieu de rendez-vous de toutes les femmes infidèles qui viennent y succomber au fond de voitures complices, face à l'océan, après une soirée dans une boîte. Même en plein jour il y a toujours une bonne dizaine de voitures arrêtées le long de la route.

La voiture noire fila devant les amoureux. Tournant le dos à la mer, elle vira dans un petit chemin et s'arrêta le long d'un champ.

Ensuite, cela dura très peu de temps. Les trois hommes se mirent à creuser la terre meuble avec des outils sortis de la voiture et bientôt eurent une tombe tout à fait convenable. Le corps fut tiré de la voiture et basculé sans un mot. On remit la terre, on tassa et on ajouta quelques pelletées de cailloux. Ayant que les *urubus*[1] ne déterrent celui-là, il se passerait quelques mois.

La voiture fit demi-tour et repartit vers Rio. Ses occupants ne prêtèrent aucune attention à une Volkswagen arrêtée le long de la route face à la mer comme les voitures d'amoureux. Pourtant elle n'était pas là depuis longtemps et les quatre hommes qui se serraient dedans n'auraient pas remporté un concours de baisers. Ils laissèrent partir la voiture noire, puis bondirent de leur véhicule. Deux portaient des lampes. Ils eurent tôt fait de retrouver la tombe improvisée.

Avec un juron l'un d'eux partit en courant : à deux cents mètres de là, il y avait un club en chantier.

Il revint avec deux pelles. En dix minutes, creusant tour à tour, ils eurent déterré l'homme blond. Ils l'étendirent alors sur l'herbe et entreprirent de le déshabiller.

Quand il fut torse nu, un des hommes le fit rouler sur le côté puis il tira de sa poche un couteau dont il déplia la lame. L'acier luisait faiblement à la clarté de la lune. L'arme était effilée comme un rasoir.

Comme s'il découpait un gâteau d'anniversaire, l'homme enfonça le bout de la lame dans la chair flasque de façon à délimiter un rectangle englobant l'aisselle du mort. Puis soulevant entre le pouce et l'index un coin de peau, il entreprit de détacher le rectangle comme l'écorce d'un fruit. Cette besogne

---

1. Les vautours.

ne semblait pas le dégoûter le moins du monde et il fronçait les sourcils comme un élève appliqué.

Lorsque le lambeau de peau fut entièrement détaché, il essuya la lame soigneusement sur le bras du mort, replia le couteau et le remit dans sa poche.

Évidemment, ce n'était pas du travail de dépeceur professionnel. Mais la blessure était nette. Celui qui l'avait faite ramassa le maillot de corps du mort et enveloppa dedans le macabre débris, puis il mit le tout dans sa poche. Il se redressa ensuite avec une grimace : il avait mal aux reins d'être resté trop longtemps accroupi.

Deux de ses compagnons le relayèrent. Rapidement, ils remirent au mort sa chemise et sa veste. Puis, ils le traînèrent jusqu'à la fosse et le jetèrent dedans. Le cadavre tomba la face la première, grotesquement tordu. L'un des hommes, à petits coups de pied, le remit à peu près droit.

Ses deux compagnons reprirent alors leurs pelles et entreprirent de reboucher le trou. Ils durent tasser à coups de talon pour que la tombe ne soit pas trop apparente. En sueur, ils s'arrêtèrent enfin.

L'homme qui avait mutilé le cadavre faisait le guet, près de la route. Mais à part les amoureux, personne ne passait par là. Et les couples des voitures se moquaient éperdument de ce qui se passait à l'extérieur. De plus, les vagues énormes de l'Atlantique déferlaient régulièrement sur la plage et étouffaient tous les autres bruits.

Les seuls témoins de la scène macabre étaient d'étranges petits oiseaux, aux mouvements saccadés de dessin animé, qui couraient sur la plage à la recherche de coquillages : des *sand-pipers*.

À la queue leu leu, les quatre hommes regagnèrent leur voiture qui fit demi-tour vers Rio. Ils roulèrent tout doucement le long de la plage, jetant de temps en temps un coup d'œil derrière pour vérifier s'ils n'étaient pas suivis.

Puis la petite Volkswagen rentra en ville par Ipanema et Copacabana. En face de l'*Hôtel Excelsior*, le conducteur aperçut soudain deux urubus se dandinant mélancoliquement sur la plage déserte. Il freina et arrêta la voiture, puis descendit et sauta sur la plage.

Les oiseaux ne bougèrent pas.

Il marcha vers eux lentement pour ne pas les effrayer. Quand il fut assez près, il tira le macabre paquet de sa poche, déplia le linge de corps et lança le bout de peau aux deux oiseaux. Ils s'approchèrent en clopinant et l'un d'eux planta tout de suite son bec dedans. Aussitôt le second tenta de le lui arracher. Satisfait, l'homme eut un petit rire et fit demi-tour secouant le sable de ses chaussures.

Il reprit le volant de la voiture. Au moment où il tournait sur la place Princessa Isabel pour prendre le tunnel de Botafogo le conducteur parla pour la première fois.

— Quel con, fit-il en secouant la tête.

Silencieusement, les autres approuvèrent.

La petite voiture se perdit dans le flot de la circulation qui coulait vers l'Avenida Président Vargas. Elle s'arrêta trois fois quelques instants, et un des hommes descendit chaque fois. Le conducteur, resté seul, la mena dans une cour discrète et se perdit dans la foule à son tour. Il faisait encore chaud malgré l'heure tardive et les Cariocas [1] flânaient sur les trottoirs en mosaïque à la recherche d'un peu de fraîcheur.

Il fait beaucoup plus frais qu'en ville sur les pentes du Tijuca, la grande montagne couverte de verdure qui domine Rio. Une forêt dense et verte, qui n'est coupée que de quelques routes pour touristes. On n'est qu'à cinq ou six kilomètres de Rio et on pourrait se croire en pleine Amazonie. D'ailleurs ce sont les mêmes arbres, étouffants et serrés comme des brins d'herbe.

À flanc de coteau, presque au sommet de la montagne, un sentier étroit s'enfonce dans la jungle au milieu des fleurs multicolores et des flamboyants. Pour parvenir jusqu'ici, il faut serpenter des kilomètres sur la route de Vista Chinese, passer le Corcovado, le grand Christ qui domine Rio du haut de ses sept cent quatre-vingt-cinq mètres, et encore monter au milieu des odeurs lourdes de la forêt.

1. Habitants de Rio.

Passés les deux policiers qui gardent Vista Chinese – un des plus beaux points de vue de Rio – il n'y a plus personne. Même pas une favella. Les Noirs ont peur de la forêt...

Pourtant ce soir-là, il y avait beaucoup de monde. À dix mètres on aurait pu croire la clairière déserte. Les hauts fûts des colosses de la forêt tropicale formaient une haie serrée qui se perdait dans le ciel.

Mais des pointes de cigarettes dansaient dans la nuit. Une vingtaine d'hommes étaient assis sur le sol, ou appuyés sur des troncs en cercle. On ne voyait même pas leur visage. Ils ne parlaient pas. On n'entendait que le bruit, léger d'un ruisseau un peu plus loin.

Soudain, un hurlement inhumain jaillit du centre de la clairière, le cri d'un homme qui affronte une douleur insupportable. Le visage impassible, les fumeurs éteignirent discrètement leur cigarette sous leur talon. La cérémonie commençait. Personne ne bougea. Ni hostilité, ni curiosité. L'attente neutre. Mais tous les regards convergeaient vers le centre de la clairière. Un homme était étendu sur le sol nu, dépouillé de tous vêtements, lié par les poignets et les chevilles à deux planches clouées en croix, la face contre terre. Sa peau claire dessinait ses formes.

Du centre de son corps pointait une excroissance grotesque : une corne de bœuf à la pointe coupée, entonnoir naturel qu'on venait d'enfoncer dans l'homme de dix bons centimètres.

Le bourreau était un homme vêtu d'un impeccable costume bleu, les cheveux noirs peignés en arrière, sans un faux pli. Il tenait à la main un morceau de bois taillé en forme de cône : le second accessoire du supplice.

Entourant le corps couché à terre, il y avait deux cercles concentriques, l'extérieur rouge, l'intérieur noir. Entre les deux, des bougies étaient plantées tous les vingt centimètres. Pendant que le bourreau attendait, un aide surgit de l'obscurité et les alluma avec une mèche de suif.

Un autre aide s'approcha. Il tenait à la main un diable rouge en bois de jacaranda, mutilé, sans bras, ni jambes ni tête. D'un geste théâtral, il le planta devant le visage de l'homme qu'on allait supplicier. Celui-ci ne bougea pas. Seul un léger tremblement agitait ses paupières. C'était un métis aux traits fins, avec une petite moustache. Ses lèvres un peu épaisses laissaient voir des dents éclatantes.

Les préparatifs étaient terminés. L'homme en noir leva le bras droit.

Un tambour commença à battre très légèrement, dans les arbres derrière la clairière. C'était un rythme sauvage et compliqué que les initiés se transmettent de génération en génération. La macumba[1] commençait.

Il aurait fallu passer tout près de la route, pour percevoir les pulsations du tambour fait de peaux de chats tendues sur un vieux fût d'huile.

---

1. Cérémonie d'initiation magique, traditionnelle au Brésil.

Et qui oserait s'aventurer dans la forêt en pleine nuit ? Même les mauvais garçons des favellas qui errent autour de Vista Chinese, prêts à détrousser les touristes isolés, n'osent pas pénétrer dans la forêt.

Maintenant les assistants se tenaient droits et avaient les mains sur leurs genoux. Deux robes claires tranchaient faiblement sur les costumes sombres : deux élégantes ayant ôté leurs hauts talons pour marcher dans le sentier.

Le rythme du tambour s'accéléra. Marchant à pas lents, un Noir, vêtu seulement d'un short en toile blanche très long, descendant jusqu'à mi-mollet, entra dans le cercle portant une jarre en grès marquée du signe de Salomon. Il s'approcha de l'homme en noir, s'agenouilla près du supplicié et versa dans la corne de bœuf une pâte qu'il sortait de la jarre à l'aide d'une grande cuillère en bois.

C'était l'atroce lavement des sorciers de l'Amazonie : un mélange de créosote, suif et poivre rouge. Une mixture qui ronge les parois intestinales rapidement, provoquant une péritonite aiguë. Avec un geste solennel, l'homme en noir poussa son cône de bois dans la corne de bœuf, injectant le mélange dans le corps de la victime.

Cette fois, le hurlement jaillit et dura, se répercutant sous les arbres, se modulant en une plainte stridente et se terminant en un long sanglot. Le tambour accompagnait en sourdine, rythmant la douleur. Les mains noires effleuraient les peaux de chats, les assistants se balançaient d'avant en arrière, les yeux mi-clos.

À deux kilomètres plus bas, les deux policiers en faction à Vista Chinese se rapprochèrent instinctivement l'un de l'autre. Le cri leur avait glacé le sang. Ils étaient trop jeunes dans le métier pour que la crosse d'une mitraillette contrebalance la vieille terreur de la forêt et de ses rites magiques.

L'homme en noir, sans lever les yeux, continua son mouvement de piston. Agenouillé, en face de lui, son aide versait inlassablement son affreuse mixture. À chaque poussée du cône, le torturé avait, un sursaut désespéré. Il ne hurlait plus que par intermittence, mais un gémissement continu sortait de ses lèvres. Il était en train d'être dévoré vivant, de l'intérieur. Plus on injectait de mélange, plus la brûlure remontait, irradiant une douleur insupportable.

Enfin la jarre fut vide.

L'homme en noir poussa une dernière fois son cône dans la corne de bœuf et l'arracha ensuite d'un coup sec. La première partie du supplice était terminée. L'homme, assommé de douleur, était inerte. Il savait qu'il était en train de mourir mais il n'avait même plus la force de lutter.

Silencieusement, le Noir qui portait la jarre remplaça le diable rouge mutilé placé devant le visage de la victime par une statuette de la Vierge.

Le rythme des tambours changea et devint presque joyeux. Le diable, censé être dans le corps de la victime, était en train de mourir. Un à un, les assistants se levèrent. Sur un rythme de samba ils se mirent à tourner autour du supplicié. Bientôt ils formèrent un cercle mouvant se découpant en ombres chinoises sur la lueur des bougies fichées en terre.

Pendant près d'une heure, le rythme des tambours ne changea pas. L'infernale samba continuait autour de l'agonisant, tache claire dans ses cercles colorés.

Les danseurs avaient perdu la notion du temps et du lieu. Heureusement que, cinq cents mètres plus bas, cinq capangas – hommes de main des grands propriétaires terriens au Brésil – veillaient autour d'une vieille mitrailleuse allemande... La patrouille de police qui aurait pu survenir aurait été impitoyablement fauchée.

Soudain, le corps du supplicié se tordit en arc de cercle. La bouche ouverte, il chercha l'air pour hurler. Puis le cri jaillit, qui aurait glacé un bourreau professionnel. Le mélange se répandait dans le ventre de la victime. C'était la fin. Le cri déclencha une sorte d'hystérie collective. La samba s'accélérait. Les deux femmes, quittant le cercle, se mirent à danser, sur place, arrachant leur chemisier, leur soutien-gorge, et piétinant autour de l'agonisant. Les yeux révulsés, elles dodelinaient de la tête comme des ivrognes.

Le rythme s'accéléra encore, les danseurs suivirent. Peu à peu, ils enlevaient leurs vestes, leurs chemises, la sueur coulait sur leur visage.

Puis tout s'arrêta brusquement. Épuisés, les danseurs tombèrent sur place. Les bougies s'éteignirent, une à une. La macumba était finie. Le diable était mort à temps. Tout était bien. En ordre, après s'être rhabillés silencieusement, tous les assistants défilèrent devant l'agonisant à qui la douleur arrachait encore des tressaillements. En face de la statuette de la Vierge, ils esquissaient un rapide signe de croix.

L'homme en noir surveillait le défilé, les bras croisés, ordonateur de la sinistre exécution. Lui seul n'avait pas dansé, contemplant la bacchanale, debout à l'écart. Pour lui, cette pseudo-cérémonie magique était une excellente réunion électorale.

Après leur signe de croix, les assistants disparurent dans l'obscurité. Un peu plus bas, à un kilomètre, leurs voitures étaient dissimulées dans un sentier. Il n'y avait plus qu'à redescendre tranquillement vers Rio et ses lumières.

Quand tous furent partis, l'homme en noir donna un ordre à voix basse. Ses deux « assesseurs » détachèrent le corps encore chaud de la croix. L'un d'eux le chargea sur ses épaules comme un paquet. Dans la clairière piétinée, il ne restait plus que la croix de bois, la statuette de la Vierge et les traînées de cire des bougies. L'homme en noir partit le dernier.

Sa voiture était garée derrière les autres. Sa femme l'attendait déjà dedans. Les deux Noirs torse nu se serrèrent à l'arrière, le cadavre du supplicié sur leurs genoux. Heureusement que la grosse Aérowillys était spacieuse. Pendant la descente sur Rio, personne ne dit mot. Ils avaient croisé les cinq capangas, remontant vers leur jeep portant leur mitrailleuse et ses munitions.

Les premières lueurs de l'aube éclaircissaient le ciel quand l'Aérowillys s'engagea dans le tunnel de Marqués Porto après avoir descendu à toute vitesse les lacets de la Vista Chinese, passant devant les deux policiers frigorifiés et endormis.

La voiture freina Avenida Juliano Moreira, devant la grille d'une somptueuse résidence aux volets fermés. À cheval entre la chaussée et le trottoir on distinguait encore les boursouflures de cire laissées par quatre cierges.

L'homme en noir arrêta la voiture. Un des Noirs sauta à terre. Personne. L'autre le suivit. À deux ils tirèrent le corps et le jetèrent sur la chaussée, entre les marques du cierge, où il roula face contre le goudron.

Les deux Noirs eurent un geste d'adieu et disparurent en courant vers le sentier montant au Morro Babylonia. La voiture redémarra et le cadavre resta seul.

Quelques instants plus tard, le véhicule stoppa devant un immeuble élégant de la Praia de Botafogo, en bordure de mer. Galamment, l'homme en noir aida sa femme à descendre, avant de rentrer la voiture au garage.

Ouvrant l'œil, un miséreux qui dormait en face de l'immeuble, dehors, à même la mosaïque, eut un regard d'envie pour ces richards qui claquaient en une nuit de bringue assez de cruzeiros pour lui permettre de vivre un mois, puis il se rendormit.

CHAPITRE II

Au sixième étage du haut building de verre et d'aluminium de l'ambassade des États-Unis, planté au 147 de l'Avenida Présidente Wilson, en plein cœur de Rio, une foule joyeuse et bigarrée se pressait autour du buffet.

On fêtait l'arrivée du nouveau vice-consul. Les hommes étaient en complets clairs et cravates, les femmes en robes vertigineusement décolletées : on n'est pas pudibond au Brésil. Le whisky coulait à flot. Uniquement de l'alcool de contrebande. Pour des raisons économiques, toute importation était interdite, même par la valise diplomatique. Aussi, à la fin des réceptions officielles, les hauts fonctionnaires brésiliens partaient discrètement avec une bouteille de J and B sous le bras, offerte au nom des bonnes relations brésilo-américaines. Ce qui n'empêchait pas la foule de lapider régulièrement l'ambassade comme dans tous les pays d'Amérique du Sud.

Dans un coin, le nouveau vice-consul était très occupé. Un cercle de jolies femmes tentait de le monopoliser.

Grand, blond, impeccablement vêtu d'un smoking revers châle en shantung bleu nuit, sa poitrine s'alourdissait d'une impressionnante panoplie de décorations, dont certaines étaient totalement inconnues au Brésil.

— Que signifie cette croix bleue, demanda la jeune femme d'un sénateur de l'air de dire : « Quand voulez-vous de moi ? »

Le consul pencha ses yeux d'or sur son décolleté bronzé et murmura comme un secret :

— C'est la croix de Grand Maître de l'Ordre de la Toison d'Or.

— Ah, fit-elle subjuguée.

Elle se serait donnée tout de suite au beau diplomate, à condition qu'il garde sa croix. On n'imagine pas à quel point les femmes sont fétichistes.

En tout cas, le nouveau vice-consul avait fait la conquête des invitées. Certaines s'étaient arrangées pour lui être présentées deux fois, pour sentir à nouveau le frôlement velouté de deux lèvres chaudes sur le dos de leur main.

Il n'était pas antipathique aux hommes non plus. Avec le sourire naturel et le maintien nonchalant du diplomate de carrière additionnés d'une pointe d'humour glacé et policé il ne devait pourtant pas se faire que des amis.

Le doyen du corps diplomatique de Rio, le vieil ambassadeur d'Irlande, à moitié aveugle, entrait. Le nouveau vice-consul s'empressa à sa rencontre, le guida jusqu'à un siège et échangea avec lui quelques aimables banalités. Quand il l'eut quitté, le vieil homme grommela :

— Si les Américains pouvaient ne nous envoyer que des hommes aussi bien élevés.

Justement, le second conseiller de l'ambassade semblait un peu agacé par le succès de son subordonné, entre autres auprès d'une dame sur laquelle il avait des vues. Il fendit le groupe parfumé entourant le jeune diplomate et le tira par la manche :

— Venez, j'ai quelqu'un à vous présenter.

Les deux hommes rejoignirent un Brésilien d'une quarantaine d'années, mince et distingué, aux yeux perçants, qui tendit une main sèche au vice-consul.

— Voici un de nos plus fidèles supporters auprès du gouvernement brésilien, expliqua le second conseiller. Le docteur Alfonso Crandao. Il est également l'avocat de monsieur Alvaro Cunha.

L'avocat, après quelques banalités, ne chercha pas à engager la conversion. Il paraissait surtout préoccupé par les jolies femmes de l'assistance. Il quitta très vite le nouveau diplomate pour chasser une splendide créature affublée d'une robe-paréo à fleurs qui semblait avoir été peinte sur elle.

Le nouveau diplomate n'eut pas le temps de souffler. Un long personnage aux cheveux romantiques et au visage émacié se cassa en deux devant lui.

— Alex von Ritersdorf.

Sa poignée de main ressemblait à une paire de tenailles. Ses pupilles dilatées comme celles d'un drogué restaient dans le vague. Il ne laissa pas le temps au vice-consul d'ouvrir la bouche.

— Je serais heureux de vous avoir chez moi à dîner, un de ces soirs, ou au yacht-club pour déjeuner. J'étais très lié avec votre prédécesseur. J'aimerais qu'il en soit de même avec vous...

Le jeune diplomate assura qu'il en serait certainement de même. Intérieurement, il faisait une petite réserve. Son prédécesseur était connu pour son goût des divertissements amoureux en commun.

Von Ritersdorf lui glissa sa carte, débita quelques banalités sur le temps exceptionnel pour la saison, 35 % et 100 % d'humidité, alors qu'on était au début de l'hiver, et disparut à son tour dans la foule.

Épuisé, le nouveau diplomate tamponna son front à la dérobée avec une pochette de soie. Il aurait donné cent dollars pour ôter son smoking sombre. On était au mois de mai et c'était l'automne au Brésil, les saisons étaient inversées dans l'hémisphère sud. Il paraît qu'il allait pleuvoir... De toutes les femmes qui avaient bredouillé leur nom devant lui, une seule l'avait vraiment intéressé. Une superbe métisse presque noire employée dans les services de relations publiques de l'ambassade. Elle s'appelait Ruth Castella et habitait un petit studio à Copacabana, le quartier le plus agréable de Rio.

La ronde continuait. On trouvait de tout à ce genre de réception. Des jolies femmes en quête d'une bonne fortune, des aventuriers, des affairistes et aussi quelques vrais diplomates échangeant leurs secrets dans les coins.

Le vice-consul fut encore troublé par une ravissante apparition, assez inattendue : une longue Chinoise en robe fendue, les cheveux tordus en une lourde natte. La moue dédaigneuse, elle dévisagea les hommes en face, la poitrine provocante. Elle n'eut pas le temps d'exercer son charme. Discrètement, deux membres de l'ambassade, l'encadrèrent et la poussèrent vers une autre pièce. Il y eut une discussion étouffée et la jeune Chinoise disparut, toutes griffes dehors.

Au même moment, un grand jeune homme brun, très bronzé, se précipita sur le vice-consul et lui arracha presque le bras à force de le secouer.

— Vous êtes nouveau, hein, dit-il. Vous allez voir, c'est formidable ici. Il y a tout. Vous viendrez sur mon bateau, j'espère. Et il faudra que vous essayiez mes voitures. Si je peux vous en vendre une...

Le play-boy-marchand de voitures battit en retraite devant le second conseiller. Celui-ci prit le vice-consul par le bras et lui souffla :

— Méfiez-vous de ce gars-là. Il est concessionnaire d'une grande marque, mais il a vendu une voiture en trois ans... Par contre son bateau revient toutes les semaines d'Uruguay bourré de cravates et de whisky. Et ne vous frottez pas à lui au poker...

— Comment s'appelle-t-il ?

— Bob Jaguar. C'est un dur. Il fait aussi pas mal d'autres choses. Mais venez, je vais vous présenter à un homme important pour nous.

Il l'amena devant un petit bonhomme moustachu, boudiné dans un costume de gabardine claire, au visage tanné par le soleil.

— Voici notre nouveau vice-consul, dit le second conseiller.

L'autre tendit une main potelée, puis, se ravisant, tenta d'enlacer le diplomate de ses petits bras, en lui donnant de grandes tapes dans le dos : l'*abrazo*, le salut brésilien.

— José Carala, fit-il d'une voix rocailleuse. Pour vous servir.

— Monsieur Carala, reprit le conseiller, va défendre nos couleurs au Sénat demain, à Brasilia, à propos d'un projet qui nous est cher. Il cligna de l'œil pour le consul. José ne se laisse pas faire...

— *Caôs immondos*[1] rugit le Brésilien. J'ai de quoi parler...

Il entrouvrit sa veste et on aperçut la crosse en nacre d'un Colt 45 passé à même sa ceinture. José tapota la crosse :

— Voilà pour *la oposicíon*...

Le vice-consul s'écarta prudemment de ce curieux sénateur. Il n'avait encore jamais assisté à une réunion diplomatique où on exhibât des armes à feu. Et il tomba dans les bras d'un personnage morose

1. Chiens immondes.

habillé en dépit de la chaleur d'un costume lourd et d'énormes chaussures à triple semelles. Sous le regard du diplomate, il inclina légèrement la tête mais ne tenta pas de se rapprocher.

— Qui est-ce ? demanda le consul à Ruth Castella qui venait de s'échapper d'un groupe de mâles.

Elle eut une moue de dédain :

— Il dirige officiellement le Sovexport à Rio. C'est en réalité le *Residentie* du KGB pour l'Amérique du Sud.

— Mais pourquoi ne l'expulse-t-on pas ?

Ruth haussa les épaules.

— Il en viendrait un autre. Au moins celui-là, on le connaît. Et il a des protections, le gouverneur de Bahia, entre autres.

La jeune Noire semblait s'ennuyer à mourir. En parlant, elle passait d'un pied sur l'autre et sa robe presque transparente était imbibée de transpiration. Elle ne portait dessous qu'un slip minuscule et cela se voyait. Ce qui se voyait aussi c'était le goût évident qu'elle avait pour le nouveau vice-consul.

— Vous ne voulez pas venir à la piscine du yacht-club, monsieur le vice-consul, proposa la jeune femme. Après je vous invite avec quelques amis pour partager une féjouade.

— Malheureusement, je n'ai pas le temps pour la piscine en ce moment. Mais qu'est-ce que c'est qu'une féjouade ?

— Notre plat traditionnel. Des haricots rouges, du chou, du manioc et des saucisses. C'est très épicé.

— Eh bien, j'essaierai de venir pour la féjouade, dès que j'aurai fini avec mes obligations.

Elle le quitta sur un sourire prometteur, ondulant de ses longues jambes.

Le second conseiller, qui se nommait Larry Gallo, était nerveux. Il se rapprocha du vice-consul et grommela :

— Il va encore nous poser un lapin.

— Qui ça ?

— Alvaro Cunha, le seul homme qui nous intéresse en ce moment. J'aurais voulu que vous puissiez le voir. D'ailleurs, nous ne sommes pas les seuls à l'attendre. Regardez.

Dans son coin, l'homme au complet de laine attendait immobile. Mais les gens commençaient à s'en aller. Il était tard et il fallait se préparer pour le dîner.

Malheureusement, la température n'avait pas varié d'un degré.

— La climatisation ne marche pas ? demanda le vice-consul.

Larry Gallo leva les yeux au ciel.

— Si, les appareils sont neufs. Mais pour les faire marcher, il faut de l'eau. Et, à Rio, il n'y a pas d'eau l'été.

— Charmant…

La salle était maintenant presque vide. Devant le buffet dévasté, le vice-consul remarqua un homme qui dépassait ceux qui restaient d'une bonne tête. Un géant blond au visage poupin de nouveau-né avec des yeux bleus très limpides. Il était vêtu d'un smoking à la coupe vieillotte mais quelque chose d'infiniment distingué se dégageait, de toute sa personne. Dès qu'il vit que le vice-consul était enfin seul, il s'avança vers lui, la main tendue :

— Je suis le prince Kurt von Falkenhausen, dit-il. Je crois avoir entendu que vous êtes le prince Malko Linge ?

Un peu surpris, Malko acquiesça :

— C'est exact. Je suis ravi de trouver un compatriote ici. C'est pour le moins inattendu.

L'autre continua en allemand :

— Si je ne me trompe, mon cher, vous êtes également landgrave de Kletgan, margrave de la Basse-Lurace et Grand Voyvode de la Voyvodie de Serbie ?

Cette fois, Malko regarda son interlocuteur avec attendrissement.

— Du diable comment savez-vous tout cela ?

Le débit de Kurt von Falkenhausen se fit encore plus saccadé :

— C'est une coïncidence extraordinaire et merveilleuse, mon cher. Votre château de famille est situé sur la frontière hongroise, n'est-ce pas, non loin de Linz ?

— Oui.

— Eh bien, le nôtre n'était qu'à une vingtaine de kilomètres, à l'intérieur des terres. Et, il y a un siècle environ, mon arrière-grand-père a épousé une princesse Clara Linge.

Les yeux d'or de Malko s'embuèrent :
— Mais alors nous sommes cousins !

Depuis des années, c'était la première fois qu'il rencontrait un membre de sa famille. Ses parents étaient morts alors qu'il était encore enfant et seuls quelques parents éloignés, exilés en Afrique du Sud, lui écrivaient de temps en temps.

Un instant les deux hommes se regardèrent en souriant puis s'étreignirent.

— Les Brésiliens appellent ça l'*abrazo*, remarqua Kurt. Mais ces sauvages ne le pratiquent que pour s'assurer qu'ils ne portent pas d'armes. C'est lamentable. Allons boire un verre pour fêter notre rencontre, mon cher cousin.

Ils allèrent au bar et commandèrent deux vodkas sans eau. Après les avoir bues, Malko remarqua l'annulaire gauche de Kurt. Il n'y avait qu'une chevalière en or.

— Célibataire ?

Le prince de Falkenhausen leva les yeux au ciel et commanda une autre vodka.

— Comment voulez-vous faire autrement dans ce pays ? Les femmes sont ravissantes mais tout le monde a au moins quelques gouttes de sang noir, et cela peut revenir dans un petit-fils, ce qui siérait mal au nom de Falkenhausen. Je préfère encore mourir sans descendance.

Malko approuva. Il raconta à son tour les grandes lignes de sa vie, en laissant prudemment croire à son interlocuteur qu'il était diplomate de carrière. Puis il parla de son château. L'autre en avait à son tour les larmes aux yeux :

— Un vrai château… Je veux voir les photos, les plans ! Peut-être pourrais-je vous donner des conseils. Moi je n'ai plus rien qu'une villa à Ipanema. Quelquefois, je regarde la mer et je me dis qu'à des milliers de kilomètres il y a les bois et les villes d'Autriche. Il y a douze ans que je n'ai plus été en Europe. À quoi bon, je n'y ai plus personne. Alors, je chasse et je pêche. Je vois moins passer le temps.

Que faites-vous à Rio ? demanda Malko.

Kurt haussa les épaules :

— Un travail de tout repos : je dirige la banque de Mines Geraes.

« Le plus clair du travail consiste à louer des coffres à des gros propriétaires qui y entassent des centaines de millions. Le travail sérieux se fait à New York… »

Quelqu'un toussa près d'eux. Larry Gallo s'excusa d'un sourire.

— Un ami vous attend dans mon bureau, dit-il à Malko. Si vous voulez bien…

Malko n'avait pas envie de quitter son cousin tout neuf. Mais il s'inclina. Kurt but une dernière vodka au garde-à-vous et ils se serrèrent la main en échangeant leurs cartes.

Dînons ensemble demain, proposa Kurt.

Malko accepta avec joie. Il pourrait parler de ses boiseries avec quelqu'un qui le comprenait.

Il suivit le second conseiller dans un bureau donnant sur la grande pièce.

Ils entrèrent dans une pièce à la porte matelassée, donnant sur l'arrière du bâtiment. Un homme se trouvait déjà dans le bureau et se leva à l'entrée des deux diplomates. Il était vêtu à l'américaine, mais son visage très bronzé le faisait ressembler à un Brésilien. Il avait des yeux durs et fureteurs et des épaules athlétiques moulées dans un costume léger.

Le second conseiller le présenta à Malko.

— Voici Frank Gunder, qui représente la *Company* au Brésil. Il sait tout, voit tout, entend tout, ajouta-t-il en riant. Frank, je vous présente notre nouveau vice-consul, le prince Malko Linge.

Malko enveloppa l'Américain d'un long regard de ses yeux dorés. Instinctivement, il lui fut antipathique. Il y avait quelque chose d'inhumain dans ses yeux gris. Il devait être plus jeune que Malko de cinq ou six ans et ne portait pas d'alliance. Un homme comme lui ne devait pas être marié. Malko avait déjà rencontré beaucoup de ses pareils. Pour eux, les êtres humains n'étaient que des abstractions. Pour avoir un beau graphique bien clair, ils n'hésitaient jamais à éliminer quelques abstractions. Frank Gunder devait avoir à peu près autant de sensibilité qu'un dessus de cheminée de marbre.

Quelque chose hérissa Malko tout de suite. Frank se rongeait les ongles. Alors qu'il était extrêmement soigné, cheveux coupés court, complet impeccable et cravate de soie, ses doigts se terminaient en moignons vaguement sanguinolents. Dès qu'il réfléchissait il ne pouvait s'empêcher de se grignoter. Et comme il réfléchissait sans arrêt...

Frank Gunder dut sentir le peu de sympathie qu'il inspirait à Malko. Il eut un sourire en coin pour le regarder.

— Vice-consul ? Depuis quand la Carrière recrute-t-elle chez les barbouzes ? C'est un homme de chez nous, vous le savez aussi bien que moi.

— Chut, dit le second conseiller. C'est un secret. Cela doit rester entre vous et moi.

Gunder éclata d'un rire bruyant.

— C'est une blague ou quoi ?

Il pointa son doigt vers Malko :

— Mon vieux, depuis hier, vous êtes mort ! Du moins pour les Brésiliens. Il vaut mieux qu'ils ne trouvent pas votre cadavre, sinon, ça va vous compliquer la vie. On est superstitieux dans ce pays. En tout cas, votre arrivée c'est un secret de polichinelle...

Le second conseiller prit un air pincé et surpris. Frank se tourna vers lui :

— Écoutez, monsieur le Conseiller, cessez de jouer à l'agent secret. Ce n'est pas votre boulot. Si je n'étais pas intervenu hier, cela aurait pu déclencher une catastrophe. Parce qu'un type se faisant passer pour le prince Malko Linge allait sonner à la porte du Senhor Alvaro Cunha quand nous l'avons neutralisé...

— Neutralisé ?

— Vous voulez un dessin ? En tout cas nous avons fait disparaître le corps. Comme ça les Brésiliens ne se mêleront pas de ce petit lavage de linge sale en famille.

Malko était troublé. Décidément c'était un pays de fous.

— Qui était mon double ? demanda-t-il.

Gunder haussa les épaules.

— Aucune idée. Il arrivait de Zurich, avec un passeport autrichien, par la Scandinavian ligne qui, entre parenthèses, va aussi à Moscou. C'était certainement du renfort pour notre ami Dimitri que vous avez vu tout à l'heure.

— Et comment avez-vous été au courant de son arrivée ? interrogea Malko.

Frank hésita une fraction de seconde avant de répondre. Il n'aimait pas griller ses informateurs, même avec ses collègues.

— C'est la petite Ruth qui m'a renseigné, lâcha-t-il à regret. Elle a paraît-il quelqu'un à l'aéroport qui surveille les arrivées suspectes.

— Et après ?

— Après ?

Frank était surpris.

— Cela a été très simple. On a retrouvé le chauffeur de taxi qui avait conduit le type jusqu'à l'*Excelsior,* toujours grâce à Ruth et on a pris la planque. Et quand notre bonhomme s'est pointé chez Cunha, nous l'avons proprement effacé...

Malko perdit son regard dans le vague.

— Je vois. Vous êtes bien organisé… Et moi qui croyais que le Brésil était un pays de tout repos… Je vais résilier mon poste.

Au fond il était ravi de ses nouvelles fonctions. Car Son Altesse Sérénissime le prince Malko Linge pouvait enfin se produire sous son vrai nom et avec son titre. D'habitude, il travaillait plutôt en sous-main.

Autrichien replié aux États-Unis, il n'acceptait de travailler pour la CIA comme barbouze de luxe que pour une seule raison : il avait terriblement besoin d'argent pour restaurer son château familial, à la frontière de la Hongrie et de l'Autriche.

Son succès dans les services secrets venait de quelques qualités assez peu répandues. Il avait d'abord une mémoire prodigieuse. Trente ans après, il reconnaissait une silhouette aperçue fugitivement. Cette mémoire l'aidait à parler une douzaine de langues peu répandues comme le turc, le persan ou le japonais. Et surtout, il savait se servir de son cerveau et c'était un gentleman. Les armes à feu le dégoûtaient en dehors de la chasse et il s'en servait le moins possible.

Par contre, il avait dû plusieurs fois de garder la vie à des femmes. Elles tombaient l'une après l'autre dans le piège de ses yeux d'or. Et il était si adorable avec elles qu'elles lui pardonnaient les pires mufleries.

Pour les Services américains, Son Altesse Sérénissime était « SAS », et les uns après les autres, ses collègues du monde entier – Soviétiques compris — avaient adopté pour lui ce surnom, qui conjuguait le respect et la concision.

Quand son patron de Washington lui avait demandé s'il acceptait de partir pour Rio de Janeiro comme vice-consul des États-Unis, bien entendu un poste de couverture, il n'avait presque pas discuté les prix de ses honoraires. Il avait juste eu le temps de faire graver des cartes de visite avec quelques-uns de ses titres : Grand Voyvode de la Voyvodie de Serbie, chevalier de l'Ordre Souverain de Malte, chevalier de droit de l'Ordre de l'Aigle Noir. Il en passait. Les Brésiliens n'y comprendraient rien, mais enfin...

Le vrai vice-consul de Rio étant « heureusement » tombé malade, il avait rejoint son poste en deux jours. À l'aéroport, il avait été secrètement ravi d'être accueilli par un attaché de l'ambassade. Cela changeait des mines patibulaires des barbouzes amis ou ennemis.

Il se serait bien installé dans son rôle de diplomate sans se préoccuper du reste. Il se sentait fait pour cela. Mais Larry Gallo ne l'entendait pas de cette oreille-là.

— Mon cher SAS – lui aussi lui donnait ce surnom, plus court – il va falloir vous mettre sérieusement au travail. Notre ami Frank va nous faire le point de la situation.

Frank écrasa sa cigarette dans un cendrier. On aurait dit un maître de conférence.

— Vous savez pourquoi on vous a envoyé ici ? demanda-t-il un peu agressivement à Malko.

— Probablement parce que vous n'aviez plus la situation en main, remarqua Malko.

— C'est Washington qui s'imagine ça. Vous allez voir que vous n'en ferez pas plus que moi. Ce type est dur comme du bois de jacaranda. On ne sait pas par quel bout le prendre.

— Si vous me donniez quelques détails ? demanda Malko.

Il mourait de chaleur au point que la sueur lui piquait les yeux. Et il pensait aussi à la belle Ruth. Elle était beaucoup plus conforme à l'idée qu'il se faisait du Brésil que Frank.

— Vous savez ce que c'est, le manganèse ? attaqua justement celui-ci.

— Vaguement, dit Malko. C'est un métal qui sert à certains alliages ?

— Oui. Mais le manganèse est un métal rare, noble et stratégique. Il est indispensable pour l'industrie de guerre. Sans lui pas de canons, pas de blindage, pas de porte-avions... Il n'y a qu'un seul ennui, c'est que nous n'avons pas de manganèse sur les territoires des USA, ou presque pas : nous importons quatre-vingt-quinze pour cent de nos besoins. De l'Inde et du Brésil.

« L'Inde, vous savez ce qui s'y passe. D'un jour à l'autre, Mao peut y dévaler, et alors, adieu le manganèse. Ou un des successeurs de Nehru décider de ne plus nous le vendre, au nom de la coexistence pacifique. Il reste donc le Brésil.

— Vous paraissez plutôt bien placé ici, coupa Malko.

En apparence. (Le ton de Frank était amer.) Ce pays a une capacité d'absorption du dollar tout simplement prodigieuse. Et en plus ils ne nous aiment pas.

— Mais où est le manganèse dans tout ça ?

Malko s'impatientait. À Washington, on lui avait dit que sa mission différait des autres. Il n'y aurait pas de violence, pas de bagarres, mais beaucoup de diplomatie. Il aurait les détails sur place. Le personnage de Frank ne collait pas tellement avec l'image d'un diplomate...

L'homme de la CIA continua :

— Le manganèse, il se trouve à près de trois mille kilomètres d'ici, au nord de l'embouchure de l'Amazone, dans le territoire de l'Amapa, un coin charmant où on pourrit vivant tellement c'est sain. Mais il y a le plus gros tas de manganèse du monde : trente millions de tonnes environ, un peu plus d'un milliard de dollars... Il est à fleur de terre, il n'y a pratiquement qu'à le ramasser.

— Où est le problème alors ?

— Alors ? C'est que nous sommes au Brésil... Et que ce manganèse est brésilien, très précisément la propriété d'un certain Alvaro Cunha. C'est là que ça se gâte.

« Jusqu'ici, Alvaro Cunha n'avait jamais exploité son manganèse ; il est tellement riche que ça l'ennuyait de faire le simple effort de discuter un contrat. Il doit posséder deux ou trois millions d'hectares avec des vaches dessus. Il travaille un jour par an, quand il les vend. Mais il a une fille, Linda. Elle a décidé de se marier. Et son papa chéri veut lui donner une dot digne de sa réputation.

« Aussi, il daigne s'occuper du manganèse. Il n'a pas été le voir et ne sait même pas à quoi ça ressemble, mais il y a quelques mois il a fait savoir qu'il était vendeur...

Frank eut un mince sourire :

— Inutile de vous dire le charivari que le père Alvaro a déclenché. Lui, il s'en foutait, il voyait seulement un tas énorme de dollars pour sa petite Linda. Il vendait ça comme une villa de banlieue...

« Quand ça s'est su, il a débarqué à Rio assez de barbouzes pour tenir un congrès.

« Je vous passe le détail des gracieusetés préliminaires. Pour certains, la balade à Rio a été leur dernier voyage. D'autant que les Brésiliens se sont réveillés. Quand on a su que le vieux Cunha allait « brader » aux étrangers une richesse nationale, ç'a été un tollé qui dure toujours, d'ailleurs. On a parlé de nationalisation.

« Cunha, qui n'a pas froid aux yeux, a acheté un lot de mitrailleuses au Paraguay, a loué des services d'une poignée de caboclos[1] encadrés de capangas – de tueurs – et a annoncé qu'il tirerait à vue sur tous ceux qui mettraient le pied sur ses terres, y compris le gouverneur de la province.

« Côté Brésiliens, ça a calmé les esprits. Nous, nous avons fait le reste. Avec un peu de persuasion et beaucoup de dollars, nous avons convaincu le vieux que nous étions les seuls acheteurs valables et que les Chinois allaient le payer en tracteurs...

« Tout était OK. On avait un contrat de deux cents pages, simple interligne où tout, mais absolument tout, était prévu. Tout sauf une chose...

— Quoi? interrogea Malko, captivé.
— Que le vieux ne signerait pas.

Il y eut un silence aussi lourd que l'air brûlant. Puis l'Américain reprit :

— Quand tout a été décidé, le vieux a commencé à hésiter, à remettre la signature, tout en disant que l'affaire tenait toujours. On a failli devenir dingues... On lui a tout promis, même de lui construire à nos frais un chemin de fer jusqu'à son gisement pour qu'il puisse aller le voir le dimanche... Rien à faire. Il élude. Le seul truc positif, c'est qu'il a demandé à signer avec quelqu'un envoyé spécialement de Washington, pour donner plus de solennité à l'affaire. C'est pour ça qu'on vous a envoyé dare-dare... En plus, j'ai l'impression qu'il ne m'aime pas beaucoup.

1. Métis.

Malko ne parut pas surpris de cette dernière précision.

— Mais dites-moi, coupa-t-il, tout ça c'est une affaire d'attaché commercial ; qu'est-ce que je viens faire là-dedans ? Je n'y connais rien en matière de contrats...

L'ambassadeur ne disait mot. Frank haussa les épaules :

— Vous en faites pas pour le contrat. On a dix types dans la cave qui ne font que ça. Ils l'apprennent par cœur jusqu'aux virgules. Ce dont on a besoin c'est quelqu'un d'assez malin pour faire signer le vieux et empêcher qu'il signe avec les autres. Il paraît que ce phénix, c'est vous.

Il n'avait pas l'air enchanté qu'on lui retire le pain de la bouche, Frank.

— Figurez-vous qu'il y a un loup, continua-t-il. Ça serait trop simple si le gouvernement américain pouvait intervenir ouvertement. Mais les Brésiliens sont susceptibles comme des vieilles filles dès qu'il s'agit de leurs richesses naturelles. Pour exploiter ce foutu manganèse nous sommes obligés de fonder une société bidon américano-brésilienne qui sauve la face. Bien entendu les Brésiliens qui en font partie sont des hommes à nous...

« Seulement, nous ne sommes pas les seuls à avoir pensé à ça. Il y a bien une douzaine de sociétés à Rio en ce moment qui n'ont d'autre but que de rafler ce fichu manganèse. Et allez savoir *qui* est réellement derrière !

« Par exemple j'en ai dégotté une particulièrement vicieuse, qui, à travers des Vénézuéliens, des Brésiliens et des Hollandais, travaillait en réalité pour l'Allemagne de l'Est... Vous voyez où le manganèse aurait atterri. Nous devons aussi nous méfier des Français. Ils sont capables de refiler du manganèse aux Chinois qui servira à faire des bombes qu'on nous renverra ensuite sur la gueule...

Malko s'épongea le front. Il commençait à comprendre. Quel micmac.

— Dites-moi, demanda-t-il. Pourquoi avoir envoyé un agent avec mon identité, et pourquoi, vous, l'avoir abattu ?

Frank le regarda avec commisération :

— Bon sang, je viens de vous l'expliquer ! Imaginez que le faux Malko Linge ait été trouver notre ami Cunha en lui disant : Je suis l'homme envoyé de Washington pour signer avec vous. Ce qu'il était d'ailleurs en train de faire quand nous l'avons arrêté...

« Imaginez que par miracle le père Cunha ait été d'humeur signeuse et qu'il ait apposé sa griffe sur le contrat.

« Imaginez que le *missi dominici* de Washington l'ait fait signer avec une société désignée par lui et qui ne soit pas la nôtre mais celle de nos adversaires...

« Imaginez que ce malheureux Cunha ait été victime, après avoir signé, d'un accident stupide, comme une voiture qui explose ou une grenade au petit déjeuner... Vous voyez le tableau. Adieu le beau manganèse. Voilà pourquoi je n'ai pas laissé à votre double le temps d'apprécier le Brésil. Et j'ai bien fait.

Le second conseiller hocha la tête :

— Je crois en effet que Frank a eu raison de recourir à cette méthode assez brutale. L'enjeu est trop important. Après tout, cet homme savait qu'il courait des risques en usurpant votre personnalité...

— Qu'ont dit les Brésiliens de ce meurtre ? demanda Malko.

— Rien, fit Frank. Parce que le cadavre a disparu presque tout de suite. Il leur reste les papiers. Sans cadavre, ils sont trop paresseux pour se donner beaucoup de mal.

« Bon, maintenant, cela va être à vous de jouer. Objectif : Faire signer le vieux. Avec votre charme personnel ou en lui grillant les pieds, c'est au choix.

Beaucoup de choses tracassaient Malko. Il avait enregistré toute la conversation comme au magnétophone et il se la ressassait.

— Comment faites-vous pour trouver l'argent de cette société bidon, demanda-t-il, puisque vous ne pouvez pas faire voter un dollar au Congrès pour alimenter une affaire fantôme ?

Frank ricana :

— Vous savez combien on a piqué sur les fonds secrets pour faire la bombe atomique entre 43 et 45, sans ameuter le Congrès et l'opinion publique ? Deux milliards de dollars ! Alors, pour notre manganèse, on n'est pas gênés…

— Bien, dit Malko, mais avez-vous une idée de la raison pour laquelle votre ami Alvaro ne veut plus signer ?

— Des idées, j'en ai à la pelle, répliqua Frank. Vous allez faire votre choix. Après, vous aurez aussi mal au crâne que moi.

« Première raison qui vient à l'esprit : quelqu'un lui a offert plus que nous. Possible, mais peu probable. Variante : il veut nous tirer plus en nous affolant. Ça irait assez avec le bonhomme.

« Deuxième hypothèse. Les Brésiliens l'ont menacé de lui faire la peau s'il signait avec des étrangers. C'est ce qui peut arriver de pire. Ça voudrait dire qu'il faudrait d'abord fomenter un bon petit coup d'État pour mettre des hommes à nous où il faut avant de reprendre les négociations. Je prie tous les jours pour que ce ne soit pas ça.

« Mais il peut avoir été aussi menacé par des concurrents à nous… Dans ce cas, il faut savoir par qui et les éliminer, c'est déjà plus facile sans déclencher la révolution.

« Ou tout simplement le vieux a changé d'avis et ne veut pas le dire de peur que nous ne le croyions pas et que nous le liquidions à dire préventif.

« Voilà où j'en suis. Tous mes informateurs sont sur le coup. Je n'ai encore rien de précis. Juste des soupçons. Je vous tiendrai au courant.

« Je peux liquider Cunha dans les vingt-quatre heures. Ça peut être un remède pire que le mal. Dieu sait où nous irons après. Car il y a la fille... Un numéro aussi. Et elle va se marier.

— Avec qui ?

— Vous l'avez vu. Von Ritersdorf. C'est un Allemand établi au Brésil depuis pas mal de temps. Fait des affaires immobilières. Aucun lien politique apparent. À l'air de se tenir en dehors de l'histoire. Peut-être un peu pédé.

C'était un vrai fichier, ce Frank, Malko avait encore une question importante à poser :

— Avez-vous quelqu'un dans l'entourage de Cunha ?

Frank prit l'air soucieux.

— Naturellement. Il s'appelle Gustavo Orico. C'est le secrétaire particulier d'Alvaro Cunha. Je lui ai donné assez de dollars depuis des mois pour qu'il puisse racheter lui-même ce fichu gisement.

« Seulement, depuis quelques jours, j'ai l'impression qu'il me mène en bateau. Deux fois de suite il m'a posé des lapins et je n'ai pas eu le moindre coup de fil de lui. Normalement, nous nous retrouvons le mercredi et le samedi au bar de l'*Hôtel Excelsior* vers sept heures.

Malko l'interrompit :

— Et alors ?

— Alors, la dernière fois que j'ai eu de ses nouvelles, il m'a téléphoné. Il était très excité. Il m'a dit qu'il avait quelque chose de très important à me dire. Malheureusement, il était chez Cunha et le vieux a dû entrer parce qu'il a raccroché brusquement. Voilà.

Soucieux, Frank se grignota un bout d'ongle.

— Comment l'aviez-vous engagé? demanda Malko.

L'Américain lui jeta un regard en coin.

— Vous êtes bien curieux. Enfin si ça peut vous intéresser, c'est Ruth qui me l'a amené. C'était un de ses anciens amants. Elle est utile, continua-t-il sans rire. Elle connaît beaucoup de gens à Rio.

— Quel genre d'homme est-ce, votre Orico? questionna Malko.

— Prudent comme un serpent. C'est pour ça que je ne me fais pas trop de souci pour lui. Il ne sort presque jamais de la villa, pourrait vous découper au couteau en lanières avant que vous vous en rendiez compte et en plus trimbale toujours de l'artillerie.

Il n'y avait plus qu'à espérer qu'Orico fasse surface. Malko prit le numéro de la villa d'Alvaro Cunha.

— Où habitez-vous? demanda Frank.

— Au *Copacabana Palace*, pour le moment.

— C'est ce qu'il y a de moins moche dans cette fichue ville. Et au moins il y a une piscine.

Frank Gunder se leva. Il prit congé d'un petit signe de tête et ferma doucement la porte derrière lui. Le second conseiller soupira :

— C'est un garçon dur et sans scrupules, mais il est très utile.

— Il en faut, dit Malko.

Le cynisme de l'homme de la CIA le choquait un peu Lui aussi avait été mêlé à de sales histoires, mais il n'avait jamais pu envisager un meurtre de sang-froid ou des calculs aussi dépourvus d'humanité que ceux de Frank. Décidément, son ascendance princière le gênait pour devenir tueur... Pourtant il devait reconnaître que l'Américain connaissait bien son travail. Ce serait un allié précieux.

— Qui était le Brésilien armé jusqu'aux dents que vous m'avez présenté ? demanda-t-il à l'ambassadeur.

— Ah, le Senhor José Carala. Un de nos bons amis. Sincère. Demain, il y a un débat au Sénat sur les concessions données aux Sociétés étrangères. Carala doit empêcher un projet de passer. Il va y avoir du sport. Vous devriez aller y faire un tour. Avec votre passeport diplomatique, vous entrerez facilement. Mais dès ce soir téléphonez à Alvaro Cunha.

— Bien sûr.

Il serra la main de Larry Gallo. Celui-ci le rappela :

— Vous avez une voiture ?

— Oui, une Chevrolet de l'ambassade.

— Bon. Faites attention au stationnement.

— Pourquoi ? J'ai une plaque CD.

Le conseiller rit de bon cœur.

— Ils s'en foutent. Le cruzeiro a tellement perdu de sa valeur que le prix d'une contravention est environ le tiers de celui d'un jeton de téléphone. Alors, les policiers ont trouvé un moyen très simple de décourager les contrevenants : ils dégonflent les quatre pneus de la voiture...

— Charmant !

— Quant à la plaque CD, ils ne savent même pas ce que c'est. Depuis la dernière révolution, ce sont les militaires qui ont le pouvoir et des soldats qui ont remplacé les agents. La semaine dernière, ils ont dégonflé les pneus de la voiture du président de l'Assemblée nationale, devant la Chambre ! Ça a failli faire une seconde révolution... Bonne chance quand même !

En se mettant au volant, Malko ne pensait plus qu'à une chose : trouver de la fraîcheur et se détendre un peu. Il était tout juste temps de retrouver Ruth.

Il avait acheté un plan de Rio pour ne pas avoir à prendre de chauffeur. C'était une ville toute en longueur, étirée le long de la mer. Mais la circulation était délirante. Pas étonnant que l'assurance n'existe pas dans ce pays.

La Chevrolet décolla doucement du trottoir et prit la route de Copacabana par l'Avenida Auguste Severo. À cent mètres derrière une petite Volkswagen verte avec quatre hommes à bord démarra aussitôt. C'était facile de suivre la Chevrolet ; il y avait des centaines de Volkswagen à Rio...

CHAPITRE III

Malko n'eut pas de mal à trouver l'appartement de Ruth Castella. C'était tout près de son hôtel rue Figueiredo. Il gara sa voiture et prit l'ascenseur jusqu'au quatrième.

Ruth vint ouvrir elle-même. Elle avait troqué sa robe de cocktail contre une sorte de paréo qui la moulait encore plus. Elle accueillit joyeusement Malko :

— C'est gentil d'être venu. Entrez, je ne vous présente pas. Vous verrez plus tard. Mais il faut vous mettre à l'aise.

Cinq minutes plus tard, Malko était en paréo, après-avoir pris une douche réparatrice. L'appartement était petit mais agréable. Des divans partout, une TV par terre et beaucoup de monde. Tous en paréo ou pantalon de toile. Dans un coin, Malko reconnut Bob Jaguari, buvant un rhum blanc dans un grand verre. Il y avait une douzaine de personnes, filles et garçons, buvant et bavardant. Ruth apporta à Malko une pâtée fumante avec une cuillère en bois.

— Voilà la féjouade, dit-elle. Et voici l'assaisonnement :

Elle lui présenta une petite fiole contenant de l'huile baignant avec des minuscules piments. Elle avait déjà dû boire car ses grands yeux marron brillaient d'excitation.

Malko arrosa généreusement de piment ses haricots, Ruth éclata de rire :

— Si vous mangez tout ça, il va falloir vous trouver une femme tout de suite !

Malko avait de plus en plus l'impression qu'il n'aurait pas à chercher loin. Il avait faim et attaqua sa féjouade. Il faillit recracher la première bouchée : c'était du feu liquide. Sous le regard de Ruth, il résolut de faire bonne figure. Mais avec son plat il fit glisser une bouteille entière de vin rouge très sucré et très fort.

La jeune femme mangeait près de lui sur un coussin.

— Vous aimez le trio Tamba ? demanda-t-elle.

Il ignorait même ce que c'était.

Elle alla jusqu'à l'électrophone et mit un disque. C'était une samba endiablée. Comme mue par une pile électrique, Ruth se mit à onduler sur place. Un garçon en pantalon de toile sauta sur ses pieds pour danser en face d'elle. Instantanément un frisson électrique passa sur l'assistance. Jamais Malko n'avait senti une atmosphère aussi érotique. Il ne pouvait détacher les yeux de Ruth. Comme tous les Noirs, elle avait la danse dans le sang.

Elle s'écroula près de lui, en nage.

— Je vous emmènerai danser, dit-elle. Vous aimerez.

Les yeux fermés elle s'appuyait contre lui. Bob Jaguari quitta son coin et lui fit signe. Elle se leva et le rejoignit. Il y eut une discussion animée. Il semblait vouloir l'emmener. Finalement, il sortit sans dire au revoir et Ruth revint près de Malko. Les autres continuaient à boire et à rire. Malko interrogea Ruth du regard.

— Il est jaloux ? demanda-t-il.

Elle éclata de rire et approcha sa bouche de son oreille. Elle sentait la jungle.

— Vous êtes un ami ou le vice-consul ? murmura-t-elle.

— Je préfère être un ami.

Cette fois les lèvres de la jeune fille effleurèrent les siennes. Malko crut toucher un câble haute tension. Cette fille charriait du 220 volts. Il se retint pour ne pas la prendre dans ses bras. Mais ça manquait de tenue pour un membre du corps diplomatique. Bien qu'ici, il retrouvât le Brésil dont il avait toujours rêvé.

— Bob avait besoin de moi, expliqua-t-elle.

— À cette heure-ci ?

— Il va travailler. C'est pour ça qu'il était soucieux. Il n'aime pas travailler. Il doit aller au large chercher une cargaison de cravates de soie qu'on va lui jeter d'un cargo.

— C'est un contrebandier ?
— Non, il a le *jeito*.
— Qu'est-ce que c'est le *jeito jeito* ?
— C'est savoir se débrouiller, c'est le système « D ». Bob, il n'aime pas rester dans un bureau pour vendre ses voitures. Alors, comme il aime le bateau, il se débrouille avec. Et puis il joue très bien au poker aussi et sait attraper les poissons sous l'eau.
— Et s'il se fait prendre ce soir ?
— Eh bien, tous les douaniers de Rio porteront des cravates de soie... Seulement avec moi, il y avait moins de risques. Si on rencontre un bateau de la douane, on se met sur le pont et on joue les amoureux...
— Qu'est-ce qu'il vous donne en échange ?
— Oh, il couche avec moi de temps en temps. J'aime beaucoup. Il y a beaucoup de filles qui voudraient être à ma place à Rio. Il fait très bien l'amour et il a, enfin, il a...

Elle rougit et éclata de rire.

— Ne me fais pas parler de ça, cela me fait quelque chose.

Malko plongea dans des abîmes de réflexions. La contrebande menait à tout. Ruth ne lui laissa pas le temps de penser :

— Vous avez une voiture, monsieur le Vice-Consul ?
— Oui.
— Alors, venez, nous allons aller nous baigner, à la Barra de Tijuca.

Elle sauta sur ses pieds et expliqua son projet. Il y avait plusieurs autres voitures. En un clin d'œil, ils furent tous en bas de l'immeuble. Ruth monta dans la Chevrolet.

— Je vais vous guider, dit-elle à Malko. Elle se mit contre lui, la tête sur son épaule.

À un feu rouge, elle se coula un peu plus et l'embrassa très doucement, sans rien dire. Elle garda ensuite sa longue main brune posée sur la cuisse de son compagnon.

Ils roulèrent une demi-heure. Malko, absorbé par la route inconnue et par la présence de Ruth, ne remarqua pas la petite Volkswagen verte qui le suivait à cent mètres. Les quatre hommes étaient toujours à l'intérieur. Ruth non plus ne se retourna pas.

Ils arrivèrent sur une grand-route déserte et défoncée, suivant le bord de mer. Malko aperçut un écriteau dans la lueur des phares : « Praia dos Bandeirantes. »

— C'est là, dit Ruth. Arrêtez la voiture sur le bord.

Il stoppa et éteignit les phares. Les autres n'étaient pas encore en vue. La Volkswagen s'était arrêtée un peu plus loin, en contrebas de la route.

Ruth courait déjà sur le sable. Empêtré dans son paréo, Malko la suivit. La lune éclairait presque comme en plein jour. Quand la jeune femme se vit rejointe, elle se jeta dans ses bras et ils roulèrent sur le sable.

D'un geste vif, Ruth défit son paréo. Elle était nue dessous, avec une peau cuivrée au grain lisse. Malko n'eut pas le temps de l'admirer ; elle se colla contre lui et l'embrassa, lui enfonçant les épaules dans le sable. Puis elle resta là, blottie contre lui. La plage était déserte à perte de vue.

— Venez, dit Ruth.

Elle le prit par la main et ils coururent jusqu'à la mer. Elle était chaude ! Pas loin de vingt-sept degrés. Malko plongea avec délice. Ruth fila devant lui comme une anguille. Ils jouèrent un moment dans les vagues.

En courant ils revinrent à leurs paréos. Ruth prit les étoffes et les étendit sur le sable, près d'un bouquet de végétation. Puis elle s'étendit avec un long soupir d'aise. En dépit de l'obscurité Malko voyait parfaitement les contours de son corps. Ce fut elle qui se serra contre lui et l'embrassa en murmurant :

— C'est bien de faire l'amour la nuit. Comme ça *vou* ne voyez pas que je suis noire…

Au Brésil, on emploie rarement le mot *tu*, simplement le *vou* avec une inflexion un peu plus tendre. Malko qui parlait très bien le portugais n'ignorait pas cette particularité.

Tout en la caressant, Malko se dit qu'elle avait bien tort d'avoir des complexes : son corps aurait fait rêver bien des Blanches. Elle soupirait à petits coups, la tête enfouie dans l'épaule de Malko, ses longues mains lui enserrant les épaules. Peu à peu, le sable presque blanc se creusait sous le poids de leurs corps. Brusquement, elle se tordit sous lui puis se mit littéralement à ronronner. Malko, le cerveau vide, se demandait comment des gens dans ce pays pouvaient penser à autre chose que ce qu'il était en train de faire...

— Et les autres ? demanda-t-il sans conviction.

Elle rit :

— Ils font la même chose que nous. Quand on dit « rendez-vous à Tijuca » on sait ce que ça veut dire... Quelquefois, on voit des hommes seuls rôder la nuit ici près des voitures arrêtées le long de la mer. Ce sont des maris jaloux.

— Mais pourquoi ne vont-ils pas sur la plage ?

Et le sable ? C'est très difficile à enlever des vêtements, *meu bom*[1]. Moi je ne suis pas mariée, alors je suis libre, mais les autres...

Justement, du sable, Malko en avait partout. Il se leva, entraînant Ruth. Ils coururent se jeter dans les vagues.

Malko sortit de la mer portant Ruth dans ses bras, très romantiquement. Mais il faillit la laisser tomber : marchant le long de la plage, quatre silhouettes noires se dirigeaient sur eux.

— Qu'est-ce que c'est ? murmura la jeune fille.

— Je ne sais pas, murmura Malko. Pas d'innocents promeneurs en tout cas.

---

1. Mon cher.

Quelque chose lui disait que ces quatre hommes ne lui voulaient pas de bien. Il se maudissait de s'être laissé entraîner sur cette plage déserte. Il jeta un coup d'œil à Ruth. Figée elle regardait les quatre ombres noires.

La voiture était derrière eux. Les quatre hommes avançaient lentement, sûrs d'eux, les bras ballants. Impossible de voir leurs visages, ils étaient encore trop loin. Malko serra les lèvres silencieusement. Le secret de son arrivée avait décidément été bien gardé. Autant se promener avec un écriteau « agent secret ».

Les quatre hommes n'étaient plus qu'à une centaine de mètres.

— Il y a des gens qui vous en veulent ? demanda Ruth. Ceux-là ne sont pas des rôdeurs ordinaires.

— Peut-être, dit Malko prudemment.

La jeune Noire lui prit le bras.

— Écoutez, il ne faut pas tomber entre leurs mains. Les gens sont cruels ici. Nous allons nous séparer. Allez à la voiture et fuyez. J'irai vers eux, puis j'essaierai de les entraîner derrière moi. Je vais courir vers le village de Tijuca.

— Mais s'ils vous prennent ?

Elle secoua la tête :

— Ils ne m'attraperont jamais. J'ai défendu les couleurs du Brésil en course de fond...

Les quatre n'étaient plus qu'à cinquante mètres.

— Dépêchons-nous, murmura Ruth, après il, sera trop tard. Allez chercher du secours à Rio. J'attendrai, cachée sur la plage à Tijuca. Vous klaxonnerez trois fois. Allez vite.

Elle marcha rapidement vers les quatre inconnus. Malko n'hésita qu'une fraction de seconde. Toujours tout nu, il prit ses jambes à son cou. Au bout de vingt mètres il se retourna : la jeune femme et les inconnus étaient presque face à face : ils devaient se parler.

La voiture n'était plus qu'à vingt mètres. Il y eut un cri derrière lui. Deux des hommes démarraient à sa poursuite. Aussitôt, il entrevit Ruth filant comme une flèche le long de la plage, poursuivie par deux des inconnus. On aurait dit une gazelle.

Quelqu'un cria en brésilien. D'un dernier effort, il se jeta contre la portière. Un objet siffla à son oreille et rebondit sur la carrosserie : un couteau :

Il ne mit que dix secondes pour se glisser sur le siège, tourner la clef de contact et passer sa vitesse, le moteur rugit. Dans un hurlement de pneus, la Chevrolet bondit en avant sur la route.

Malko tremblait de froid et d'énervement. Les deux qui l'avaient poursuivi étaient restés sur le bord de la route. Il perçut trois silhouettes sur la plage. Ruth semblait avoir distancé ses poursuivants. Elle courait à longues foulées souples. Si les autres tiraient, elle était perdue...

Fou de rage il se concentra sur la conduite. Il se maudissait d'avoir abandonné Ruth ainsi. Pourvu qu'il ne lui arrive rien. Il conduisit à tombeau ouvert jusqu'à Copacabana.

Ce n'est qu'en arrêtant la Chevrolet sous le porche de l'hôtel qu'il prit conscience de sa totale nudité. Ses vêtements étaient restés chez Ruth et le paréo sur la plage !

Le portier eut un haut-le-corps en voyant surgir ce monsieur nu comme un ver. Il n'eut pas le temps de le retenir. Malko marcha dignement jusqu'à la réception.

— Donnez-moi le 17, réclama-t-il d'un ton sec. J'ai été attaqué par des rôdeurs.

L'employé lui tendit la clef, muet de saisissement. Il y eut une rumeur dans le hall, mais Malko n'en avait cure. Il alla rapidement jusqu'à l'ascenseur. Celui-ci arrivait. La porte s'ouvrit sur trois jolies Brésiliennes.

Malko s'effaça poliment.

La première Brésilienne poussa un cri perçant et s'enfuit en courant. Les deux autres restèrent sur place, mais leur cri s'entendit jusqu'au bloc suivant.

Trois clientes perdues pour le *Copacabana Palace*, qui n'avait d'ailleurs de palace que le nom. En réalité c'était un vieil hôtel, construit en 1930, dont le seul avantage était d'être bâti sur la baie de Copacabana. La chambre de Malko était meublée de façon vieillotte, la salle de bains empestait et l'air climatisé marchait par intermittence. Mais, tel que c'était, on ne pouvait rien trouver de mieux à Rio.

Le liftier ne dit mot mais détourna pudiquement les yeux. Cinq minutes plus tard, Malko était habillé de pied en cap d'un de ses complets d'alpaga. Il ouvrit le double fond de la petite valise Samsonite qui ne le quittait jamais en mission : son assurance-vie. Il en tira un long pistolet noir, très plat : une arme fabriquée spécialement pour la CIA. Elle était absolument silencieuse, sans qu'on ait besoin d'y ajouter aucun dispositif spécial. Les services techniques de l'Agence avaient sué sang et eau des mois avant de la mettre au point. Seule une poignée d'agents de toute confiance en recevait. La CIA vivait dans la terreur qu'un de ces pistolets tombe entre les mains de la pègre. Déjà, les terroristes juifs de l'Irgoun s'en étaient procuré quelques-uns et les avaient utilisés contre les Anglais en Palestine…

Malko passa l'arme dans sa ceinture et prit deux chargeurs de rechange. Son esprit ne quittait pas la longue silhouette courant sur la plage.

Il décrocha son téléphone et demanda le numéro personnel de Frank Gunder. Par chance il l'eut tout de suite au bout du fil.

— Frank ? Malko à l'appareil. J'ai besoin de vous. Je suis à l'hôtel. Je passe vous prendre dans cinq minutes. C'est possible ?

— D'accord. Je vous attends dehors.

Il avait déjà raccroché. Sa voix était calme. Pas une question. C'était un bon professionnel. Pour gagner du temps Malko ne prit pas l'ascenseur. Il traversa le hall suivi d'une rumeur confuse bien que sa tenue se soit nettement améliorée. Frank habitait un peu plus loin sur l'Avenida Nostra Senhora de Copacabana.

La Chevrolet ne stoppa qu'une seconde. L'Américain était au bord du trottoir. Il s'assit à côté de Malko :

— Alors qu'est-ce qui se passe ?

Le ton était un peu ironique. Malko expliqua l'histoire. L'autre écouta sans mot dire.

— Vous avez eu de la chance de leur échapper, dit-il. Si c'étaient des Brésiliens comme je le pense, ça n'aurait pas été drôle pour vous…

— Pourquoi ?

— Ils ne veulent pas seulement nous éliminer, ils veulent nous faire peur. Espérons que la belle Ruthie n'est pas entre leurs pattes. Roulée comme elle est…

Malko lui jeta un regard oblique mais se concentra sur son volant. Ils abordaient les lacets de l'Avenida Niemeyer, du nom d'un des architectes de Brasilia.

— Vous avez couché avec ? demanda-t-il quand la route fut redevenue droite.

— Évidemment, dit Frank d'un ton calme. Mais moi, ce n'était pas seulement par plaisir. Ruth a de l'ambition. Ce n'est pas par hasard qu'une fille comme elle travaille dans une ambassade. Mais je n'ai pas pu savoir grand-chose. Elle est muette comme une carpe. Je la paie quand elle m'apporte des informations, mais c'est tout.

— Mais quelles informations ?

— Politiques. Qui va renverser qui ? Les vraies alliances. Mais je la garde surtout en réserve. Elle est belle et un jour un type influent aura peut-être envie d'elle...

Frank exposait ses idées très doucement. D'un côté, Malko était heureux de l'avoir avec lui. C'était un professionnel froid et cynique mais redoutable pour ses adversaires. Quand il avait couché avec Ruth, il n'avait *vraiment* dû penser qu'au travail.

La Chevrolet entama la dernière ligne droite qui menait au village.

— Nous arrivons, dit Malko.

Frank tira de sous son aisselle un Smith et Wesson à canon long et l'arma. Puis il le posa à côté de lui.

— Si nous restons dans la voiture, nous risquons de nous faire allumer, remarqua l'Américain. Ces types nous attendent peut-être. Donnez vos coups de klaxon et laissons les phares allumés pour que la petite voie la bagnole. Nous, on sera un peu plus loin. Juste en cas...

Malko obéit. Passé les premières maisons du village, il stoppa brutalement et donna trois longs coups de klaxon. Puis lui et Frank sautèrent de la voiture. Ils coururent jusqu'à un bosquet en contrebas de la route et s'accroupirent à vingt mètres l'un de l'autre. La Chevrolet était parfaitement visible.

Le bruit de la mer couvrait les petites rumeurs de la nuit. La plage était toujours aussi déserte. Le cœur de Malko battait à grands coups. Il n'avait pas l'indifférence de Frank et il connaissait la cruauté humaine... Si Ruth ne répondait pas, c'était mauvais signe.

Frank se rapprocha de lui.

— Elle doit être déjà froide, murmura-t-il. On perd notre temps.

— Allons voir sur la plage.

L'Américain haussa les épaules, mais suivit Malko quand celui-ci se leva. C'était peut-être idiot de faire de l'héroïsme pour une fille qu'il avait connu deux heures, mais Malko se souvenait que ces ancêtres avaient su quelquefois mourir pour l'honneur d'une dame. C'est difficile à liquider, l'atavisme.

Ils s'engagèrent sur la plage, pistolet au poing. Le sable crissait sous leurs pieds. Les barques faisaient des taches sombres derrière lesquelles pouvaient se cacher leurs adversaires. La lune était toujours aussi brillante.

C'est Frank qui buta presque sur elle. Il appela Malko d'un sifflement discret. Ruth était étendue sur le ventre, le visage dans le sable. Malko s'agenouilla près d'elle. Il voulut la retourner et la prit par l'épaule. Sa main glissa sur un liquide gluant : du sang !

— Elle est morte ? demanda Frank, calmement.

Accroupi, l'arme au poing, il surveillait la plage et les barques.

Ruth était glacée et elle ne bougeait pas. Malko glissa une main sous son corps. Le cœur battait faiblement.

— Non, fit Malko. Mais elle doit être gravement blessée.

À grand-peine, il la chargea sur son épaule. La jeune femme était très lourde. Frank fermant la marche, ils repartirent vers la voiture. Rien ne se passa.

Malko étendit Ruth sur la banquette arrière. Elle avait reçu un coup violent derrière la tête.

Frank prit le volant. Ils repartirent à toute vitesse sur Rio. Au bout d'un moment, Ruth remua faiblement et ouvrit les yeux. Elle sourit aussitôt à Malko et murmura :

— *Vou*... Je savais que vous reviendriez me chercher... Ils ne m'ont pas attrapée. Mais l'un m'a jeté quelque chose. J'ai pu ramper dans le noir et ils ne m'ont pas vue. Après je ne me souviens plus. J'ai mal à la tête...

Ils arrivèrent sans incident à Copacabana, et stoppèrent devant l'appartement de Frank. Malko enveloppa Ruth tant bien que mal dans sa veste et à deux ils la sortirent de la voiture. Il n'y avait plus qu'à la monter chez Frank. C'est alors qu'une voix rude dit en brésilien derrière Malko :

— Qu'est-ce que c'est que ça ?

Malko se retourna. Trois soldats, mitraillettes à la hanche, les entouraient. Une patrouille de police militaire.

CHAPITRE IV

Malko et Frank sortirent à neuf heures du matin du commissariat central de Rio. Malko était ivre de rage. Comme entrée discrète, on ne pouvait mieux souhaiter. Il avait fallu l'intervention personnelle de l'ambassadeur, réveillé en pleine nuit et du gouverneur de Guanabara, pour qu'ils soient libérés rapidement. Les Brésiliens croyaient à une sombre affaire de mœurs et espéraient enfin tenir une bonne histoire à donner aux journaux : deux diplomates trouvés à Copacabana avec une fille nue et droguée !

Finalement, le gouverneur lui-même avait signé leur ordre d'élargissement, après une conversation orageuse au téléphone avec Frank.

En sortant du commissariat, Malko demanda à Frank :

— Comment se fait-il que le gouverneur soit intervenu en notre faveur ?

— Il avait intérêt, fit l'Américain. L'année dernière, il a déclenché avant le Carnaval une grande campagne pour débarrasser Rio de ses mendiants. Les résultats ont été formidables. En une semaine, il n'y avait plus un mendiant dans la ville. Et pour cause : il les avait fait jeter à la mer, par paquets ! Manque de pot pour lui, un de mes gars a filmé des scènes avec un télé. Le film est à l'ambassade, en lieu sûr. En ce moment où le gouverneur est plutôt mal avec le gouvernement, il préfère que son film reste où il est. Allez, venez boire un *cafezhino*.

Ils entrèrent dans un petit café. Ruth avait été transportée chez elle après examen à l'hôpital. Elle ne souffrait que d'une plaie au cuir chevelu. Malko avala avec plaisir le café brûlant qu'on leur apporta. La journée allait être chaude. Le Corcovado se détachait sur un ciel immaculé. Déjà, des dizaines d'autobus filaient dans tous les sens, bourrés d'ouvriers et d'employés.

Au troisième cafezhino, Malko se sentit revivre :

— Qui voulait ma peau cette nuit ? demanda-t-il.

Frank haussa les épaules.

— Personne peut-être. Simple intimidation. Ou alors, des Brésiliens plutôt, les autres auraient employé des armes à feu.

— Mais comment m'ont-ils identifié si vite ?

— Je ne sais pas. Ils ont peut-être quelqu'un chez nous. Ou un type futé à l'aéroport qui a remarqué qu'il était arrivé *deux* Malko Linge...

Frank donna cinq cents cruzeiros et ils remontèrent en voiture. L'Américain montra à Malko l'énorme rouleau de billets qu'il avait sur lui :

— Depuis la dévaluation, dit-il, il n'y a plus de pièces. Et le plus gros billet, cinquante cruzeiros, ne vaut que un dollar et demi ! Ici les prix changent toutes les semaines.

Malko le déposa devant chez lui. Ils devaient se retrouver pour déjeuner au yacht-club. Le concierge de *Copacabana* le regarda d'un drôle d'air quand il prit sa clef. Il avait dû entendre parler de l'exhibition de Malko, la veille au soir. Dès qu'il fut dans sa chambre, Malko s'écroula sur son lit. De toute façon, il n'avait rien à faire avant onze heures. On ne se lève pas tôt à Rio.

Il se réveilla à dix heures. Aussitôt il appela le numéro de Alvaro Cunha. Au bout d'un long moment une voix revêche répondit en brésilien. Malko déclina son nom et demanda un rendez-vous.

— *Momento*, fit l'autre.

Malko resta bien cinq minutes au bout du fil. Enfin l'autre revint :

— Le Senhor Cunha vous recevra demain à deux heures, laissa-t-il tomber.

Et il raccrocha.

Ça promettait comme hospitalité ! Malko téléphona ensuite à Ruth. Elle donnait. L'infirmière qui la veillait conseilla à Malko de rappeler en fin d'après-midi.

Devant l'hostilité des événements, Malko prit une serviette, descendit, traversa la rue et alla, démocratiquement, s'allonger sur la plage au soleil.

La mer s'agitait en gros rouleaux et la température était celle de la Californie en plein été. Et, au même moment, on grelottait à New York. Autour de Malko, des dizaines de cerfs volants peints de couleurs gaies flottaient dans le ciel. C'était une des petites industries de Rio. On les vendait aux touristes pour un dollar mais les *cariocas* disaient qu'ils n'acceptaient de voler que dans le ciel de Rio.

Malko marcha jusqu'aux vagues. Nager l'aidait à réfléchir. En fait de mission tranquille, il était servi ! Depuis son arrivée il y avait eu au moins un meurtre et deux tentatives. Le tout en quarante-huit heures. Ce n'était pas un diplomate qu'il fallait mais un bataillon de Marines.

Il commençait à comprendre pourquoi on l'avait envoyé au Brésil. En réalité, Frank nageait. Personne ne savait pourquoi le vieux Brésilien refusait de signer et qui l'en empêchait. C'était ça le vrai problème.

Heureusement qu'il y avait Ruth. Elle paraissait connaître tout le monde et Malko sentait qu'elle pouvait l'aider sérieusement.

Après s'être trempé, Malko retourna à l'hôtel. Il trouva un message du prince de Falkenhausen confirmant leur dîner. Une bonne surprise. Lui au moins, était en dehors de tout ça. À peine Malko était-il dans sa chambre que le téléphone sonna.

C'était Frank Gunder :

— Nous sommes de corvée, mon cher Malko, annonça-t-il sarcastiquement. L'ambassadeur tient absolument à ce que vous alliez à Brasilia assister à l'intervention de notre ami le sénateur José Carala. Je vous accompagne. Départ dans un quart d'heure en bas de votre hôtel. Nous laisserons la voiture à l'ambassade. L'aéroport est juste en face.

Après avoir passé un impeccable complet anthracite en alpaga, Malko descendit. Frank lui avait expliqué que c'était indispensable. Les Brésiliens étaient très chatouilleux là-dessus. Ils ne voulaient pas que l'on dise que le Brésil était un pays tropical. Même avec 55 à l'ombre et 100 % d'humidité.

Frank fut là tout de suite. Il trouvait moyen d'avoir l'air reposé.

— Vous êtes armé ? demanda-t-il à Malko.

— Quoi, pour aller au Sénat ?

— Vous savez, ici, fit Frank, tout le monde est armé ou presque. C'est une routine. L'ennuyeux quand on a une arme c'est qu'on a envie de s'en servir...

Ils garèrent la voiture dans le parking réservé de l'ambassade.

— Nous allons prendre le prochain vol du Ponte Aero, dit Frank. L'aéroport de Santos-Dumont est juste de l'autre côté du boulevard. Il y a des avions pour Brasilia toutes les heures. Encore un truc des Brésiliens. Le gouvernement a tenu à transférer l'administration fédérale à Brasilia. Mais comme personne ne veut y rester, les compagnies aériennes font des affaires d'or. Vous pensez, après Rio, se retrouver en pleine jungle, à mille kilomètres, sans rien...

C'était la première fois que Malko voyait un aéroport en pleine ville. Mais c'était vrai. En cinq minutes à pied, ils furent dans le hall de départ. Les avions décollaient au-dessus de la mer. Ils montèrent dans un vieux Convair de la Cruzeiro do Sul et décollèrent tout de suite. En prenant de la hauteur, l'appareil frôla le Pain de Sucre.

— Comment font-ils quand il y a du brouillard ? demanda Malko.

— Ils prient, dit flegmatiquement l'Américain.

En plus de la climatisation, la cabine était équipée de petits ventilateurs orientables, pour chaque siège, qui brassaient un air gluant et brûlant. Autour, le paysage était superbe et désolé. Des rivières encaissées dans des gorges abruptes de rochers rougeâtres, quelques villages juchés sur des pitons et partout la jungle. Le visage collé au hublot Malko regardait cet immense pays qui n'était encore qu'un désert. Sur l'autoroute Rio-Brasilia, quelques rares voitures jouaient les fourmis.

Le vol dura une heure et demie. Brasilia apparut : une poignée de bâtiments futuristes disséminés dans d'immenses avenues, au milieu d'une clairière de la jungle tropicale. Pas engageant.

— Il n'y a que soixante-dix mille habitants, dit Frank. Et là-dessus, cinquante mille crève-la-faim qui sont venus là pour construire la ville et n'ont jamais pu repartir...

Ils prirent un taxi. Il leur fallut une demi-heure de parcours dans une avenue déserte pour arriver au Sénat. Leurs cartes de diplomates leur permirent de franchir tous les barrages.

Le Sénat était plein, du moins dans les travées. Il n'y avait que peu de spectateurs. Ils s'installèrent confortablement et regardèrent. La séance commençait tout juste. Le Président annonça les interpellations. Il y eut des hurlements sauvages quand il prononça le nom de Carala.

— Regardez notre gars, souffla Frank.

Carala, debout sur son banc, brandissait le poing vers ceux qui le conspuaient. Autour de lui, une poignée d'hommes au visage farouche jetaient des regards menaçants vers leurs adversaires.

— Ce n'est pas entièrement gratuit notre visite, continua Frank à voix basse. Carala sait beaucoup de choses. Il n'a pas voulu se mouiller jusqu'ici, mais il a promis au second conseiller qu'il vous parlerait *à vous*.

— Pourquoi à moi ?

— Parce que votre mission terminée, vous repartirez et ne serez pas tenté d'utiliser ce que vous aurez contre lui… Attention, ça commence.

L'appariteur cria le nom de Carala. Le bouillant petit Brésilien se leva de son banc. Mais aussitôt, de l'autre bout de l'hémicycle, un colosse coiffé d'un chapeau de paille fendit la foule de ses collègues et s'avança jusqu'à la tribune, suivi d'une demi-douzaine d'hommes. Il attrapa le micro d'une patte grosse comme un jambon et commença à hurler des invectives à l'égard de Carala.

Malko saisit *câo immundo, bandeirante, Americano*, et d'autres gracieusetés. L'énergumène parla près de dix minutes. Un tonnerre d'applaudissements couvrit la fin de sa harangue. Frank écoutait, tendu.

— Ça va barder, dit-il à Malko. Ce zigue-là accuse notre copain d'être vendu à l'étranger et de brader le pays...

Le géant cria encore une longue phrase et attendit appuyé au micro.

Il disait :

— Si José Carala monte à la tribune devant moi, je lui cloue le bec avec une balle.

Un cri sauvage jaillit de l'hémicycle.

— Me voici ! hurla Carala.

Suivi de ses hommes, le petit sénateur marchait vers la tribune. Un silence de mort se fit dans la salle. Quand il fut à cinq mètres de son adversaire, Carala s'arrêta. Ses gardes du corps s'écartèrent les mains aux hanches.

Carala cracha par terre, vers le grand Brésilien. Puis, il tira son Colt et attendit.

Le géant ne cracha pas. Lentement, il tira de sa ceinture un énorme pistolet nickelé et en arma le chien.

Dans tout l'hémicycle il y eut une série de cliquetis métalliques : les sénateurs se préparaient à la discussion. À entendre le bruit, il y en avait pas mal qui préféraient les actes aux paroles.

Les deux hommes restèrent quelques instants face à face. Puis Cruz, le géant, hurla :

— L'un de nous deux va disparaître de cette enceinte.

Le géant tira le premier. Son énorme pétoire fit le bruit d'un canon. La balle frôla Carala et alla frapper un huissier en pleine poitrine. D'un seul mouvement, la moitié de la salle se coucha par terre, journalistes et sénateurs compris.

Le Colt cracha quatre fois. Touché à l'épaule, le géant recula de trois mètres.

Il eut encore la force de viser. Sa seconde balle toucha Carala en plein front. La tête du petit Brésilien sembla se désintégrer. À dix mètres à la ronde, ses adversaires et ses partisans reçurent des débris de cervelle.

José Carala tomba d'un bloc, laissant échapper son Colt. À la tribune le géant titubait. Il leva encore son arme, tira deux fois dans le plafond et hurla :

— *Viva los Estados Unidos do Brazil!*

La moitié de l'hémicycle se leva d'un bloc et applaudit debout.

Deux huissiers emportèrent le corps de José Carala. Soutenu par ses amis, le géant repartit. La séance fut levée dans un tumulte indescriptible.

— Nous aurions dû lui parler *avant* la séance, soupira Malko.

Frank était toujours impassible.

— Je me demande qui a suscité cet énergumène, bougonna l'Américain. Jamais entendu parler de lui...

Ils suivirent la foule qui sortait. Ils se heurtèrent presque à Alfonso Crandao, l'avocat brésilien que Malko avait déjà rencontré au cocktail de l'ambassade. Il les salua poliment mais ne parut pas désireux de nouer conversation.

— Il prétend que son client ne lui parle jamais de cette histoire de manganèse, grommela Frank. Je n'en crois rien. C'est lui qui a préparé les contrats. Mais il veut rester en dehors du coup, à cause de ses amis brésiliens. On l'accuserait de faire le jeu de l'étranger. Comme il était aussi l'avocat du gouvernement et qu'il veut faire une carrière politique, ça risquerait de le gêner...

L'avocat se perdit dans la foule, mince silhouette noire. Encore un personnage énigmatique, pensa Malko. Décidément, cette histoire tournait au délire. C'est la première fois qu'il voyait des parlementaires régler leurs différends au Colt 45.

Il paraît que ce n'était pas la première fois au Brésil. Enfin un pays où le métier de sénateur n'était pas une sinécure. Si ces mœurs avaient cours à Washington, la capitale américaine y gagnerait certainement en pittoresque... En tout cas, ce manganèse devait être bien important. L'expérience avait appris à Malko que les gens ne s'entre-tuent jamais pour rien, surtout quand ils sont riches.

Maintenant, il avait hâte de rencontrer Alvaro Cunha, l'homme qui était à la base de l'histoire.

Ils repartirent comme ils étaient venus. Leur taxi ne croisa que deux voitures. Brasilia semblait être une de ces cités mayas abandonnées pour une cause inconnue. Pas étonnant que les diplomates préfèrent Rio.

Leur avion était en retard. Ils poireautèrent près d'une heure. L'aérogare n'avait encore que des bâtiments en bois dignes tout juste d'une bourgade du *matto grosso*. Et à la saison des pluies, il se transformait en bourbier. Pas de crédits pour asphalter.

Enfin leur avion arriva. Malko fut soulagé d'apercevoir les lumières de Rio et le Corcovado illuminé. Il avait au moins un ami dans cette ville.

CHAPITRE V

— Au prince de Lichtenstein !
— *Prosit!*
— À mon grand-père Frédéric !
— *Prosit!*
— À notre ami commun Schwartzenberg !
— *Prosit!*

La première bouteille de Moët et Chandon était vide. Kurt von Falkenhausen alla en chercher une seconde dans le réfrigérateur et la ramena en la tenant précieusement : du champagne français au Brésil cela valait une fortune. Malko aurait aimé de la vodka, mais son voisin n'en avait plus. Celle-ci venait en droite ligne de Moscou par un itinéraire compliqué. Kurt la commandait directement à Moscou et l'acheminait par la Scandinavian, seule ligne à aller à la fois à Moscou et à Rio.

Ce soir-là, il n'y avait que Malko et lui dans sa villa du quartier de Leblon, le quartier résidentiel de Rio. Et son domestique brésilien, un petit bonhomme tout noir, extraordinairement dévoué depuis que son maître l'avait tiré d'un village du nord-est où il se nourrissait exclusivement de gros crabes de terre.

— Ce soir, avait annoncé Kurt à Malko en l'accueillant, je vais m'offrir une joie assez rare dans ce pays de sauvages : boire jusqu'à plus soif un alcool de bonne qualité en compagnie d'un homme de bien.

Le projet ne déplaisait pas à Malko. Sous son bras, il portait un rouleau. Le plan de son château dont il ne se séparait jamais.

Avec des précautions touchantes, Kurt aida Malko à étaler le document sur la table. Puis il se plongea dans sa contemplation un long moment. Il caressait le papier comme si cela avait été un mur de pierres anciennes. Enfin il dit dit

— J'espère qu'un jour j'aurai la joie d'être votre hôte.

Ce fut le premier toast. Ensuite ils parlèrent du plancher en marqueterie. Malko le faisait remplacer pièce par pièce, faisant acheter dans les ventes les vieux planchers provenant des démolitions. Hélas cela coûtait une fortune. Il faudrait qu'il travaille encore dix ans pour la CIA avant d'avoir complètement terminé son château. Pourtant, il engloutissait sans remords tout ce qu'il gagnait dans ses boiseries, sa toiture ou ses portes anciennes. Même s'il n'avait le temps d'en jouir qu'un jour ce serait une journée de bonheur parfait.

Il donnerait une grande fête où tous les paysans seraient invités et la bière coulerait à flots. Lui, Malko, ferait l'honneur de sa demeure à tous les gens bien nés à cent kilomètres à la ronde.

Kurt écoutait en dégustant son champagne, les yeux dans le vague. À chaque détail, il opinait gravement de la tête. Pour un peu il se serait mis à valser. Mis en confiance, Malko lui avoua sa plus grande déconvenue :

Il n'avait plus de parc. Le château était en Autriche, et le parc en Hongrie, pays communiste. Les Hongrois en avaient fait un champ de betteraves !

— Quels vandales ! soupira Kurt. Mais ne vous désespérez pas. Il y aura bien une autre guerre, un de ces jours. Nous ne serons pas toujours du mauvais côté.

Malko sentait que son cousin en aurait bien déclenché une pour remembrer le domaine familial. D'ailleurs lui-même, au cours de sa carrière d'espion, avait vu des gens s'étriper pour des motifs beaucoup plus futiles.

— Allons, buvons à l'avenir, avait conclu Kurt. Nous ne resterons pas indéfiniment dans ce fichu pays. Dieu est autrichien.

Sur ces paroles optimistes, ils entamèrent la seconde bouteille de Moët et Chandon. Elle ne dura qu'une heure. Entre deux verres, les deux hommes grignotaient d'énormes crevettes frites dans le piment, ce qui donnait encore plus soif...

Malko buvait rarement. Non par discipline mais par manque de goût. Ce qui le décidait ce soir-là c'était le sentiment d'accomplir une espèce de rite. Pour une fois il était vraiment avec un de ses semblables, quelqu'un qui vibrait aux mêmes choses que lui, avec qui il n'avait pas besoin de parler pour se comprendre.

La villa était située sur un petit promontoire et, de la terrasse du living-room, on voyait la mer avec au loin le cap d'Itatsu. L'odeur chaude de la forêt arrivait jusque-là. En prêtant l'oreille on pouvait entendre les battements des tambours des écoles de samba de la favella voisine. Au ciel, la Croix du Sud disait qu'on se trouvait en plein hémisphère austral. Et pourtant, assis dans leur fauteuil, silencieux, la coupe à la main, les yeux perdus dans le vague, le prince Malko Linge et le prince Kurt von Falkenhausen étaient à des milliers de kilomètres, dans un autre pays, dans un autre temps.

— Je vais vous faire écouter quelque chose qui vous fera plaisir, dit soudain Kurt.

Il alla mettre un disque sur l'électrophone.

Les premiers accords de la *Valse Triste* de Sibelius tirèrent presque des larmes à Malko. Religieusement les deux hommes écoutèrent la musique un peu triste jusqu'à la dernière note.

— Nous sommes des diplodocus, soupira Kurt, des survivants d'un monde disparu.

Il se leva et tira de sa poche un trousseau de clefs qu'il agita devant Malko.

— Vous voyez, mon cher, dit-il, voici les clefs qui permettent d'ouvrir tous les coffres de mes clients à la banque. Il me suffirait, ce soir par exemple, d'aller là-bas, de remplir deux ou trois valises de billets et de valeurs et de prendre le premier avion demain matin pour l'Europe ou les États-Unis. Je ne risquerais pratiquement rien. Le Brésil n'a de convention d'extradition avec personne. Seulement voilà, je ne peux pas...

— Eh oui, vous ne pouvez pas, fit Malko en écho avec une infinie compréhension.

— Ils m'ont donné ces clefs justement parce que je ne suis pas brésilien, continua Kurt. Parce que je suis physiquement incapable de commettre un acte pareil. Non par morale – je n'en ai aucune – mais à cause d'une certaine idée que j'ai de moi-même.

Malko approuva gravement. Il pensait à toutes les occasions où il aurait pu faire fortune au détriment de la CIA, en Iran notamment [1].

La troisième bouteille de Moët et Chandon arriva portée avec amour par le serviteur aux pieds nus. Kurt regarda avec attendrissement la grande étiquette blanche.

— C'est la dernière, soupira-t-il après avoir rempli les coupes à ras bord.

La tête de Malko commençait à tourner légèrement mais il avala l'alcool d'une seule lampée. Ses yeux dorés avaient pris une coloration un peu ocre

---

1. Voir *SAS contre CIA* (N° 2)

et perdu de leur expression. Mais son cerveau était parfaitement clair. Il avait d'ailleurs beaucoup moins bu que Kurt.

La troisième bouteille dura une heure. Malko regarda discrètement sa montre. Il était deux heures du matin. Avec la dernière goutte de champagne, il se leva.

— Nous continuerons un autre jour, s'excusa-t-il. J'ai beaucoup à faire demain.

Kurt ne se formalisa pas. Il se tenait encore droit comme un ! et marchait parfaitement. Il raccompagna Malko jusqu'à la porte et avant de le quitter lui prit les deux mains.

— Si vous avez besoin de quoi que ce soit, dit-il solennellement, je vous prie de me considérer comme un frère.

Il le prit dans ses bras et l'embrassa. Malko lui rendit son étreinte.

— Merci d'avance, mon cher Kurt, répondit Malko.

Le prince Falkenhausen le regarda descendre le perron, fit un geste de la main, referma la porte, oscilla un instant et tomba comme une masse, de tout son long, au milieu du hall. Avant l'arrivée de Malko, il avait déjà bu une bouteille entière de whisky de contrebande, J and B.

Aussitôt, le serviteur aux pieds nus surgit d'un recoin, s'agenouilla près de son maître et commença à délacer ses chaussures. Il avait une immense admiration pour un homme capable d'avaler de telles quantités d'alcool et de ne s'effondrer qu'en privé.

Malko eut du mal à regagner le *Copacabana Palace*. Devant lui, les réverbères dansaient une samba effrénée et plusieurs fois, il évita de justesse une voiture venant en face. La chaleur de l'accueil de son cousin l'avait beaucoup touché. Quel dommage que le manganèse ne lui appartienne pas... décidément le monde était mal fait.

Il s'endormit en rêvant de Vienne. Dans son rêve un grand singe courait au milieu d'une salle de bal, poursuivi par Malko. De temps en temps, le singe se retournait : il avait le visage grimaçant d'un Brésilien.

Une minuscule soubrette noire vint ouvrir à Malko. Sa visite avait dû être annoncée au personnel car elle ne lui posa aucune question.

Elle le guida à travers un jardin envahi de plantes tropicales, de flamboyants et d'arbres étranges. Une vraie jungle miniature.

Après sa cuite de la veille, Malko se sentait d'une humeur de chien. Il se retrouva dans un salon grand comme un court de tennis et à peu près aussi meublé. Dans un coin, il y avait une table de jeu et, là où se trouvait Malko, un canapé, une table basse et des fauteuils, le tout d'époque indéterminée.

La villa paraissait immense. Au moins vingt pièces, mais totalement silencieuses.

Malko ne resta pas longtemps seul. Quelque chose bougea dans le mur, à côté de lui. Il se força à rester immobile. On l'observait à travers un « mouchard ».

Charmantes coutumes folkloriques...

De l'autre côté du mur, le senhor Alvaro Cunha remit en place la glace cerclée d'or qui recouvrait le viseur du mur. C'était plus fort que lui. Il avait beau posséder des milliards de cruzeiros, avoir les politiciens à ses pieds et une Cadillac blanche de sept mètres avec la télévision, la radio, le téléphone, un frigidaire et l'air climatisé, et les plus jolies filles de Rio dans son lit si ça l'avait encore intéressé, chaque fois qu'il avait à rencontrer un étranger, il était affreusement intimidé.

Il tourna entre ses énormes doigts la carte de visite de Malko et se décida à pousser la porte.

Malko se leva.

Senhor Alvaro Cunha était devant lui. C'était visiblement un gentleman. Du moins un gentleman tropical.

Il devait mesurer un mètre quatre-vingt-quinze et se tenait impeccablement droit. Il était vêtu d'un costume presque blanc en soie, d'une chemise également en soie pastel bleu clair, assortie de boutons de manchettes en or gros comme des pépites. Et des chaussures en crocodile.

— *Bemvenido, Senhor Prince*, fit d'une voix rocailleuse le milliardaire. C'est une joie de vous voir au Brésil. Vous prendrez un cafezhino ?

La voix était étonnamment douce. Mais la peau du visage était jaunâtre et grumeleuse comme une écaille et les yeux étaient ceux d'un saurien. Ce qui n'empêchait pas Alvaro Cunha de posséder une contenance fort respectable.

Un seul détail détonnait dans ce personnage de grand bourgeois cossu.

Un peu au-dessus du col de la chemise, un tatouage de pointillés bleuâtres courait tout autour du cou du milliardaire. Malko ne fut pas surpris. Frank lui avait donné le pedigree complet du Brésilien.

Ce fâcheux tatouage datait de l'époque où il était interné dans un bagne d'Amazonie pour avoir éventré deux hommes avec un épieu. Ils avaient tenté de lui voler un chat qu'il était en train de faire cuire : sa ration de viande pour une semaine.

À cette époque, Alvaro vivait à Belem, dans le nord du Brésil, avec sa mère. Il ne pouvait dire avec certitude qui était son père. Sa mère avait suivi des chercheurs de diamants dans l'État de Mines Geraes, à la fin du siècle dernier. Elle en avait rapporté assez d'argent pour ouvrir une petite épicerie à Belem.

Dès douze ans, Alvaro avait compris que seuls les plus forts survivaient, dans ce pays sauvage. Il s'était mis à ratisser systématiquement les chats errants de Belem. Il les faisait bouillir en cachette – pour ne pas avoir à partager avec sa mère – et vendait les peaux pour quelques cruzeiros. Il avait pu ainsi s'acheter son premier couteau à treize ans.

Au fond, sa condamnation lui avait servi. Car les chats de Belem n'étaient pas inépuisables. Il s'était évadé au bout de six mois et avait erré des semaines dans la jungle, mourant de faim.

Puis il était tombé sur un chercheur de diamants qui l'avait recueilli et engagé pour creuser avec lui. Cela avait été le premier vrai coup de chance d'Alvaro. L'autre était tombé sur un filon. Dès qu'il eut sorti assez de pierres, Alvaro l'avait cloué définitivement au sol spongieux de l'Amazonie avec son fidèle épieu et avait repris joyeusement la route de la civilisation.

Les réflexions de Malko furent interrompues par un claquement de mains.

— Miguel ! appela Alvaro Cunha.

Un grand Noir surgit de derrière la porte où il écoutait probablement.

— Va chercher *os fumadores*, ordonna le milliardaire.

Vingt secondes plus tard, deux autres Noirs firent leur entrée. Ils étaient vêtus d'une livrée rouge boutonnée jusqu'au cou, de bas blancs et de chaussures à boucle. Avec une perruque poudrée. On se serait cru à la cour de Louis XIV.

Silencieusement, ils allèrent se placer debout derrière leur maître, de chaque côté de son fauteuil. Chacun portait un étui à la main. Ils en tirèrent une pipe en écume et attendirent.

Alvaro Cunha tendit une boîte de cigarettes à Malko et sortit de sa poche une blague à tabac qu'il tendit aux Noirs. Ils bourrèrent chacun leur pipe et l'allumèrent. Ensuite, sérieux comme des papes, ils se mirent à fumer. En ayant soin de diriger la fumée vers le visage de leur seigneur et maître.

Celui-ci huma avec délice et ferma les yeux de contentement. Il expliqua à Malko :

— Ces imbéciles de médecins m'ont interdit de fumer. Il paraît que mes poumons sont pourris jusqu'à l'os. Alors ces deux lascars fument pour moi. J'ai au moins l'odeur. Et la satisfaction, quand ils ne tirent pas assez bien sur leur tuyau, de les fouetter un peu... Je n'ai plus beaucoup de joie dans la vie...

Il était bien semblable au portrait qu'on en avait fait à Malko.

Alvaro Cunha avait un cancer du poumon. Comme il ne pouvait se passer de l'odeur du tabac, ses deux Noirs ne le quittaient pas. Il les emmenait dans les soirées les plus élégantes de Rio, où ils tiraient inlassablement sur leur pipe. La nuit, ils couchaient au pied du lit d'Alvaro, à cause de ses insomnies. Quand il souffrait trop de ses poumons, il les torturait un peu pour s'amuser. L'un d'eux avait eu un chat. Alvaro s'était amusé à y mettre le feu en l'arrosant d'essence, parce que le Noir avait laissé éteindre sa pipe.

Bien sûr, il avait des mains soigneusement manucurées. Mais le cynisme et l'insensibilité qui avaient fait sa fortune étaient toujours là, aussi forts que jamais.

Après le meurtre de son associé, Alvaro était revenu à Belem où on l'avait oublié depuis longtemps. C'était l'époque de la ruée vers le caoutchouc. Des milliers de *seringueros* voulaient remonter l'Amazone jusqu'à Manaus, la ville folle de l'enfer vert. Mais il n'y avait pas de moyens de transport. Les rares bateaux réguliers étaient loués trois mois à l'avance. Pas question d'aller par la jungle. Alvaro savait cela. Il avait repéré un lot de vieux bateaux à roues, à quai à Belem. Ils pourrissaient là depuis qu'on les avait retirés du trafic. Personne n'aurait pensé qu'ils puissent encore parcourir plus d'un kilomètre sans couler.

Alvaro Cunha dépensa la moitié de sa petite fortune à acheter des fonctionnaires. Il obtint un certificat de navigabilité pour chacun des bateaux.

Avec ce qui lui restait, il acheta les bateaux à crédit et au poids. Le lendemain il ouvrait la ligne Belem-Manaus. Les gens firent la queue pour prendre des tickets. À côté des risques qu'ils allaient courir, voyager sur un bateau pourri, c'était une plaisanterie.

Le sixième jour d'existence de la Compagnie, le premier bateau d'Alvaro se désintégra en pleine Amazone. Sur les deux cent cinquante passagers, une dizaine survécurent à la noyade et aux pirhanas. Alvaro ne pleura pas : ils avaient payé d'avance.

Après, ce fut l'engrenage du succès. Deux navires de la compagnie concurrente brûlèrent opportunément. Alvaro s'acheta un vapeur tout neuf. Puis il y eut le café, la contrebande d'armes, de Noirs, de bière, de diamants, de drogue, de tout ce qui se vendait. Alvaro achetait ou se faisait donner des centaines de milliers d'hectares. Son plus beau coup avait été d'importer cinq mille automobiles neuves en pièces détachées et de les monter dans la jungle.

À Belem, on l'avait surnommé le *Jacaré*, du nom des petits sauriens extrêmement féroces qui pullulent dans le delta de l'Amazone.

Pour jouir en paix de sa fortune il avait émigré à Rio, où il s'était marié avec la jeune fille la plus convenable qu'il ait pu acheter. Elle était morte après deux ans de mariage, minée par les brutalités de son mari, en lui laissant Linda.

Aujourd'hui, Alvaro Cunha habitait cette magnifique villa au pied du Pan do Azucar, avait vingt domestiques, ne savait même pas combien il possédait et assistait au grand bal du Carnaval, chaque année, de la loge du gouverneur. Comme disait Frank, c'était directement du cocotier dans la Cadillac...

Les deux hommes s'étaient bien jaugés. Malko décida de mettre les pieds dans le plat. Heureusement qu'il parlait assez bien le portugais, car l'autre ne comprenait aucune langue étrangère.

— Cher Monsieur, attaqua Malko, je suis venu à votre demande des États-Unis pour signer le protocole d'accord de cession de votre gisement de manganèse. Je crois que ce n'est plus qu'une formalité. Afin d'éviter... tout malentendu, nous pourrions nous réunir dans les locaux de l'ambassade. C'est une garantie de correction.

Le milliardaire ne répondit pas tout de suite. Ses yeux se firent encore plus inexpressifs. Un vrai crocodile en pleine sieste.

Puis il laissa tomber d'une voix geignarde :

— Je suis d'accord. Mais je suis si fatigué en ce moment ! Et j'aimerais aussi avoir le temps de faire connaissance avec vous. Je n'aime pas traiter des affaires avec des inconnus. Et vous devriez faire connaissance avec Rio. C'est une ville magnifique...

Le tourisme à la rescousse !

— Bien sûr, fit Malko un peu sec. Mais je n'en profiterai vraiment qu'une fois tout ceci réglé. Et je crois que cela couperait court à certains incidents fâcheux...

Comme le milliardaire allait fatalement l'apprendre, il lui raconta l'incident du Sénat. Par contre il se tut sur l'attentat dont il avait été victime lui-même et sur la mort de son « double ». Inutile de troubler le vieux milliardaire.

Alvaro huma plus vite la fumée qui l'entourait. Puis il hocha la tête.

— Je vais vous montrer quelque chose, dit-il à Malko.

Il se leva et fit signe à Malko de le suivre. Les deux Noirs restèrent sur place et prirent leur pipe. Pour un homme de sa taille, Alvaro Cunha se déplaçait avec une souplesse étonnante.

Ils traversèrent la villa. Un dédale de couloirs et de portes fermées. Au fond, le patio donnait sur une sorte de garage. Devant la porte il y avait un homme assis par terre, un fusil contre les genoux. Il se leva et ôta son chapeau.

Malko avait rarement vu une telle face de brute. D'énormes lèvres rejoignaient presque un nez épaté et les yeux, petits et méchants, disparaissaient derrière des bourrelets de graisse.

— Je vous présente mon meilleur capanga, dit Alvaro Cunha onctueusement. Miguel est un homme de confiance...

Miguel sourit béatement, ce qui le faisait ressembler à une hyène. Alvaro se pencha vers Malko et lui glissa dans l'oreille :

— Il a tué vingt-huit personnes pour moi, dont un prêtre pendant qu'il disait sa messe. Vous voyez qu'on peut vraiment compter sur lui...

Évidemment. C'étaient de bonnes références.

Le tueur ouvrit la porte du garage et les amena devant un paquet roulé dans une bâche. Sur un signe de son maître, Miguel la déroula. Une odeur abominable prit Malko à la gorge. Comme si on avait mis à jour un charnier. D'ailleurs il y avait de cela.

Un pied très sale apparut le premier, puis une jambe et le reste du corps. Malko avait devant lui le cadavre d'un homme encore jeune à la peau très foncée. Il ne portait apparemment aucune blessure. Mais il sentait. Affreusement. Même Alvaro Cunha fronçait le nez. Le cadavre était déjà boursouflé. Il devait être mort depuis deux ou trois jours.

— C'était aussi un de mes hommes de confiance, soupira Alvaro Cunha. Mes domestiques l'ont ramassé hier matin devant chez moi, dans cette tenue. Il avait été tué pendant la nuit. Par des Brésiliens, d'une façon qui se pratique encore dans nos campagnes. C'est très long et très désagréable. Hein, Miguel ?

Miguel approuva silencieusement avec un large sourire. Alvaro expliqua à Malko en quoi consistait le supplice. Quand il eut fini, son hôte avait plutôt mal au cœur...

— Eh oui, voilà comment est mort Gustavo Orico, conclut le Brésilien... Je me demande qui a bien pu le tuer ?

Malko eut du mal à conserver son calme. C'était le nom de l'informateur de Frank qui justement n'avait plus donné de ses nouvelles. Au moins on savait qu'il n'avait pas trahi. Du moins, pas Frank. Décidément, cette mission de « diplomatie » comme on lui avait dit à Washington ressemblait plus à la guerre totale. Et il ne savait pas qui était contre qui. Commencée sous de pareils auspices, ça promettait...

— Pourquoi ne prévenez-vous pas la police ? demanda-t-il au milliardaire.

Celui-ci haussa les épaules.

— À quoi bon les surcharger de travail ? Il fait si chaud pour la saison. Cela ne ressuscitera pas ce garçon. Et si on l'a tué, c'est qu'il avait fait quelque chose de mal, peut-être même envers moi...

C'était frappé au coin de la logique la plus formelle. Du moins la logique de la jungle.

— Et le cadavre ?

— Ce soir on l'emporte dans ma fazenda. On lui trouvera un coin tranquille.

La discussion était close. Le capanga réenveloppa dans sa bâche feu Gustavo Orico. Alvaro Cunha mit une main protectrice sur l'épaule de Malko.

— Ne vous faites pas de souci pour ce mort. Nous devons tous partir un jour ou l'autre. C'est la seule certitude. Tenez, pour vous changer les idées, que diriez-vous d'une partie de cartes ? Vous jouez au gin-rummy ?

C'était une proposition surprenante. Le vieux Brésilien n'avait pas l'air d'un pilier de cercle de jeu. Malko accepta. Il aimait le gin et c'était un bon moyen de sonder un peu plus son adversaire.

Ils retournèrent dans le grand salon. Les deux négrillons se levèrent vivement devant leur maître, et vinrent se remettre derrière lui quand il s'installa à la table de jeu.

— Vous jouez à trois contre un, remarqua Malko.

Alvaro Cunha éclata de rire :

— Si vous preniez leurs petites cervelles et que vous en fassiez de la purée, on n'en tirerait même pas trois idées. Hein, Janios ? Hein, Pinto ?

Ils approuvèrent toutes dents dehors. Cunha battit le jeu. Les cartes disparaissaient presque dans ses énormes pattes.

— Cinquante cruzeiros le point, trois colonnes, pique double, deux cent cinquante par colonne, proposa le milliardaire.

Malko accepta. C'était cher comme taux, mais il jouait assez bien pour limiter les dégâts. Et puis c'était la CIA qui payait : frais de mission.

Cunha donna, et retourna le trois de pique. Malko le prit pour faire une suite, et jeta le sept de cœur. Cunha le prit et annonça :

— Je descends à trois.

Il avait quatre huit et quatre sept ! Plus un as et un deux pour la descente. Un jeu fantastique et rien à placer pour Malko. Celui-ci avait quarante-cinq points en main. Et pique doublait. Bon début. Le reste ne valut guère mieux. Cunha jouait avec férocité, sans ouverture, pour gagner. En plus il avait une chance incroyable. Alors que Malko avait réussi à se déblitzer dans les trois colonnes, il ferma tout en faisant un grand gin à pique ! Il gagna aussi la seconde partie. Malko gagna de justesse la troisième, mais Cunha avait tellement remonté qu'il n'y eut presque pas de différence de points.

Malko fit les comptes. Il perdait près de deux cent cinquante dollars, cinq cent mille cruzeiros, une petite fortune pour le Brésil. Cunha exultait :

— Nous jouerons demain encore, si vous voulez votre revanche, proposa-t-il. Maintenant, je dois m'en aller.

Il se leva tandis que Malko abandonnait à regret un tas de billets sur la table. Non seulement l'autre ne signait pas, mais il lui prenait son argent. Pas étonnant qu'il ait fait fortune…

Soudain un claquement de hauts talons lui fit lever la tête.

Une jeune fille entrait dans le salon. C'était une magnifique métisse aux jambes interminables, d'une taille un peu au-dessus de la moyenne, mince, les épaules larges. Ses hanches rondes lui donnaient l'air d'une amphore grecque. Elle était vêtue d'une robe bleu vif, très ajustée et largement décolletée.

Malko remarqua une expression légèrement perplexe dans ses yeux d'un noir profond, quand elle le vit. Son visage était impassible, encadré d'une chevelure épaisse et noire, qui retombait sur ses épaules. Il émanait de ses traits réguliers et de sa bouche un rien trop épaisse une sensualité aiguë nuancée de perversité. Malko tiqua sur les longues mains terminées par d'étincelantes griffes rouges.

— Ma fille, Linda, annonça Alvaro Cunha.

Elle déposa un baiser léger sur la joue de son père et enveloppa Malko d'un sourire d'une suavité dangereuse.

— Vous êtes l'homme de Washington ? demanda-t-elle. Vous venez pour le manganèse ? C'est vous qui m'apportez ma dot ?

La voix était profonde et aussi inquiétante que le reste. La jeune fille pivota pour aller chercher des cigarettes. Elle avait une démarche de reine.

« De reine des garces », pensa Malko. En trois gestes et deux phrases, elle avait déclenché un désir violent chez lui et il en était furieux.

Elle revint et plongea ses yeux immenses dans les siens.

— Comment vous appelez-vous ? demanda-t-elle un peu moqueusement.

— Je suis le prince Malko Linge, dit Malko le plus simplement qu'il put. Je suis autrichien d'origine.

Une impression indéfinissable passa dans les yeux de Linda Cunha. Elle distillait de l'érotisme comme une brasserie distille de la bière.

— Vous vous entendrez bien avec mon fiancé, remarqua-t-elle. Il est d'origine allemande.

Malko s'abstint de lui dire qu'il le connaissait déjà. Et que Linda ne ressemblait pas à la pure fiancée qui va à l'autel couverte de fleurs d'oranger...

Alvaro Cunha interrompit ses réflexions :

— Vous venez demain à la même heure alors ? demanda-t-il. Nous jouerons.

Sans attendre la réponse de Malko il sortit rapidement, suivi de ses deux esclaves-fumeurs. Linda s'assit en face de Malko en croisant très haut les jambes. Elle se pencha pour secouer sa cigarette et Malko admira deux sans bronzés et parfaits.

— Vous savez que dès que votre père aura signé, dit-il avec enjouement, vous serez ensevelie sous un tas de dollars si énorme qu'il faudra vous faire du bouche à bouche pour vous ranimer ?

L'œil de la jeune fille étincela.

— Je m'en moque. C'est une idée de mon père. J'ai déjà plus d'argent qu'il ne m'en faut. Je n'ai pas tellement de besoins, figurez-vous.

Il eut envie de lui dire que son fiancé en avait peut-être plus qu'elle. Quant à ses besoins, il n'y a pas que les besoins d'argent pour vous compliquer la vie...

— En tout cas, soupira-t-il, je voudrais bien que cette affaire se conclue rapidement. Pour profiter du soleil et de la mer.

Elle haussa les épaules.

— Il ne faut pas vous précipiter, Senhor. Ici nous sommes au Brésil, pas en Amérique. Le manganèse ne bougera pas. Mon père a promis de signer, il signera. Il a raison de réfléchir avant pour être sûr qu'il ne fait pas une bêtise...

— Une bêtise ? Quelle bêtise ?

C'était au tour de Malko d'être surpris.

— Je ne sais pas, fit-elle un peu moqueuse. Supposez qu'après avoir eu sa signature, vous ayez envie de le supprimer pour qu'il ne risque pas de revenir sur sa parole ; ou au contraire que ceux avec qui il n'a pas signé ne soient pas contents... Mon père est ce qu'il est, mais je l'aime. Je ne veux pas le perdre brutalement.

Malko se retint de lui dire que continuer à ne pas signer risquait d'être une bêtise encore plus grosse. La dernière. Après tout, il jouait le rôle d'un diplomate.

— Vous savez, conclut Linda, je ne me matie que dans six mois ! Donc mon père n'est pas pressé.

Un picotement désagréable parcourut l'épine dorsale de Malko. Six mois de délire avec des inconnus qui s'entre-tuent autour de vous n'est pas une perspective réjouissante.

Une lueur passa dans l'œil de Linda qui le fit se jeter à l'eau :

— Si je vous promets de ne pas parler affaires, demanda-t-il, vous dîneriez avec moi ?

Elle eut un sursaut imperceptible et écrasa sa cigarette dans le cendrier un peu nerveusement. Une fraction de seconde Malko sentit qu'elle balançait. Il attendait, à peu près aussi serein qu'un joueur qui a passé sa dernière plaque de un million sur un numéro de roulette.

— Vous êtes un remarquable homme d'affaires, répliqua lentement Linda. Mais j'accepte pour que vous n'ayez pas une trop mauvaise impression du Brésil, avec vos difficultés... Venez me prendre demain vers neuf heures ici.

Le regard qu'ils échangèrent n'avait rien d'une conversation d'affaires. Aucun des deux n'était dupe de ce qu'ils éprouvaient. Mais Malko se disait un peu honteusement que par la fille il pourrait avoir le père. Vu la situation, tous les moyens étaient bons, surtout ceux comportant quelques agréments.

Il baisa la main de Linda au mépris de l'étiquette et sortit du salon avec son regard planté dans le dos comme une flèche de velours.

Malko quitta la villa d'Alvaro Cunha, épuisé, et retrouva la chaleur torride. Rien que pour aller jusqu'à sa voiture il fut en sueur. La situation n'était pas brillante. D'abord, ils n'avaient plus d'informateur chez le vieux Brésilien; ensuite, une main inconnue s'acharnait sur leurs alliés. Après le sénateur, l'indicateur, et Ruth qui avait failli y passer. Selon toute logique, c'est lui Malko qui était le prochain sur la liste...

Il se mit au volant de la Chevrolet et démarra.

Immédiatement il n'eut plus qu'un souci : préserver sa vie au milieu de la circulation démentielle de Rio. Depuis le jour de son arrivée, Malko savait ce que signifiait le mot *lotacâo*. Il s'agissait d'énormes bus parcourant Rio en tous sens et s'arrêtant à la demande. Détail charmant, les conducteurs sont payés au rendement ! Malko avait appris à se méfier de ces mastodontes conduits par des stakhanovistes des transports urbains, les tickets entre les dents et l'œil sur la ligne blanche des trottoirs guettant le client. Leurs zigzags et leurs arrêts brusques étaient mortels pour l'automobiliste non averti. Et comme les assurances n'existent pas encore au Brésil…

Malgré tout Malko parvenait à rassembler quelques bribes de pensées. Il fallait trouver coûte que coûte les gens qui empêchaient Alvaro Cunha de signer et les mettre hors circuit. Ou alors le forcer à signer…

On ne saurait jamais ce que Gustavo Orico voulait dire à Frank.

Il n'avait hélas pour l'instant aucune piste. Ses ennemis étaient des fantômes. Et pour plus de sûreté, dans ce pays, on gardait les cadavres. Peut-être Linda l'aiderait-elle. Pour une fiancée, elle paraissait bien délurée…

Quel âge pouvait-elle avoir ? Vingt-quatre ou vingt-cinq ans, pas plus. Malko soupira tout seul. Enfin une pensée agréable au milieu de ce cauchemar. Au fond les femmes étaient les seuls êtres intéressants sur cette terre…

Attendri, un sourire aux lèvres, il entreprit de couper les files pour ne pas être entraîné jusqu'à Ipanema sur cette voie à sens unique. Soudain une petite Volkswagen verte arriva à sa hauteur. Pendant quelques secondes, les deux voitures roulèrent côte à côte. Mû par un pressentiment, Malko tourna la tête et sursauta.

La vitre de la Volkswagen était baissée. Un bras velu brandissait vers lui un Colt 45 ou ce qui en était une parfaite imitation. Derrière, il y avait la tête peu rassurante d'un Brésilien coiffé d'un panama.

Malko n'en vit pas plus : il plongea sur son siège. À temps. Sa glace droite s'étoila, puis le pare-brise vola en éclats au troisième coup : Malko reçut une avalanche d'éclats de Sécurit. L'adversaire tira encore une fois et la lunette arrière se volatilisa. Puis plus rien. Malko secoua les éclats de verre et se releva. Instinctivement il s'était serré contre le trottoir de gauche et garé au jugé.

À la droite de la Chevrolet les voitures continuaient à défiler. Personne ne s'était rendu compte de rien. Il descendit et secoua ses vêtements. La Volkswagen verte était loin. Et il y en avait des milliers à Rio. Elles constituaient l'essentiel du parc automobile brésilien, étant construites sur place. Il n'avait même pas vu le numéro. Juste photographié le côté gauche. Il y avait peu de chances que ça lui serve. Il n'allait pas aller inspecter, millimètre par millimètre, les carrosseries de toutes les Volkswagen vertes de Rio.

La Chevrolet n'était pas en trop mauvais état. Quand on aurait changé les glaces et le pare-brise, elle serait comme neuve. C'était un tueur débutant qui avait tiré : aucune balle ne s'était enfoncée dans la carrosserie. Heureusement ! À cette distance-là, Malko aurait été percé comme une écumoire par les grosses balles de 45 du Colt.

Il décida de laisser la voiture là où elle était et de rentrer en taxi. Les Brésiliens regardaient avec commisération la belle voiture, la croyant victime d'un *lotacâo* en folie.

Malko s'éloigna en traversant la place Maria-Isabel, espérant ne pas recevoir une balle dans le dos. Il trouva toute de suite un taxi, une Kaiser-Frazer comme on n'en voyait plus qu'au musée de la voiture. Il se fit conduire à l'ambassade. Ni Frank ni le second conseiller n'étaient là. Il expliqua au responsable du pool-voitures – un Brésilien charmant et intarissable – qu'il avait eu un accident et avait besoin d'une autre voiture immédiatement. Par chance, la Chevrolet de l'attaché culturel – malade – était disponible au garage. Il s'en empara sans scrupules et mit le cap sur l'hôtel.

Dès qu'il fut au *Copacabana Palace,* il appela Frank chez lui afin de lui résumer la situation et de lui apprendre le décès de son éphémère collaborateur. Même au téléphone, il pouvait entendre l'Américain se ronger les ongles.

— On devrait liquider le vieux Cunha, suggéra Frank. Après on y verrait plus clair. On s'arrangera toujours avec sa fille.

— Surtout pas, dit Malko. Ce n'est que par lui que nous remonterons à ceux qui sont derrière cette histoire. Tuer Alvaro Cunha, ce serait tomber de Charybde en Scylla...

— Je ne sais pas dans quoi on risque de tomber, répliqua Frank, mais pour le moment, on est dans la merde. Et là-dedans on ne peut pas tomber plus bas...

— Cunha mort, qui signerait ? protesta Malko. Et qui sait si ce n'est pas ce que souhaitent nos adversaires ?

— Ridicule, grommela Frank. Le vieux mène le jeu. Les autres sont des clients comme nous.

— Des clients un peu remuants, conclut Malko.

On frappa à sa porte. Deux petits coups secs.

— J'ai une visite, annonça Malko à Frank. Je vous quitte.

L'Américain eut un rire sec.

— *Be careful*. Ce serait ennuyeux que vous repartiez du Brésil dans une boîte en zinc, oh pardon, j'oubliais que vous étiez diplomate, en plomb...

Malko était aussi de cet avis. Avant d'aller ouvrir, il retira de sa Samsonite son pistolet silencieux extraplat, l'arma, le glissa dans sa ceinture sous sa veste et alla ouvrir.

La ravissante Chinoise qu'il avait aperçue au cocktail de l'ambassade se trouvait devant lui, moulée dans un fourreau de soie, l'air timide.

— Puis-je entrer ? demanda-t-elle d'une voix très douce. J'ai des choses intéressantes à vous dire, monsieur Malko Linge.

CHAPITRE VI

Elle s'assit sur un des lits jumeaux et croisa délicatement ses jambes l'une sur l'autre. Sa robe fendue laissait agréablement apercevoir ses cuisses, d'une belle couleur ambrée. Elle portait maintenant un fourreau de soie violette avec des escarpins assortis. Son torse était très menu et contrastait avec ses hanches et ses jambes, bien en chair. Une combinaison assez savoureuse, pensa Malko.

Ç'aurait été une très jolie femme sans les yeux presque inexpressifs qui le dévisageaient comme un lézard regarde une mouche.

— La porte est-elle fermée ? demanda-t-elle d'une voix douce.

Elle parlait anglais sans aucun accent. Machinalement, Malko alla s'assurer que la clef était dans la serrure et revint s'asseoir en face de sa visiteuse. Il avait eu un peu trop d'émotions pour sa journée. Cette Chinoise tombant du ciel ou de l'enfer, c'était la coupe qui faisait déborder le vase. Il était engagé par la CIA pour aider à signer un contrat, pas pour résoudre des rébus.

— Puis-je vous demander votre nom ? fit-il, très mondain.

Elle eut un petit rire qu'elle étouffa en mettant la main devant sa bouche, à l'orientale.

— On voit que vous ne connaissez pas le Brésil, monsieur Linge. Je suis le docteur Lin-Pao, diplômée de la Faculté de Sao Paulo et de l'Université de Moscou. Je parle huit langues et je suis une militante communiste.

Malko dissimula sa surprise. Cette Chinoise de luxe n'évoquait pas du tout l'autocritique...

— Je suis assez connue au Brésil, continua le docteur Lin-Pao. J'ai été expulsée à peu près de tous les États, sauf de Bahia ; c'est là que je vais me réfugier quand on m'ennuie trop ailleurs. Le gouverneur est un de mes bons amis.

— Je vois, commenta Malko.

Elle secoua la tête.

— Non, vous ne voyez rien du tout. Ce n'est pas mon amant. Mais nous avons les mêmes idées. Si je devais coucher avec lui, ou avec vous, pour les besoins de la cause, je le ferais sans hésitation. Cela n'a aucune importance...

Malko regardait sa poitrine palpiter. Il était un peu troublé. Lin-Pao avait assez de charmes pour détourner un capitaliste du droit chemin. Bien que la perspective d'une femme se donnant sur commande ne l'enthousiasmât guère.

Il voulut reprendre l'initiative.

— Êtes-vous venue… faire avancer vos idées… avec moi ? demanda-t-il en souriant.

— Vous êtes un homme très séduisant, minauda-t-elle, mais, pour l'instant, ce n'est pas utile.

Elle tira un étui à cigarettes en or de son sac et le tendit à Malko. C'étaient de minuscules cigarettes à bout doré. Elle alluma les deux avec un briquet en or également. Malko aspira la première bouffée. Cela avait un goût bizarre.

— C'est un mélange spécial pour moi, précisa-t-elle. Un combiné de tabac blond et de chanvre indien.

Malko tiqua.

— De la marijuana ?

Elle haussa les épaules.

— Cela s'appelle aussi comme cela. Mais à faible dose cela ne fait aucun mal. Vous pouvez me croire. Je suis médecin.

Brusquement, elle s'étendit sur le lit et fit sauter ses escarpins, d'une torsion de pied. Elle avala une bouffée de fumée et se tourna vers Malko :

— Monsieur SAS – je sais que c'est votre nom de guerre – est-ce que vous avez confiance en moi ?

La question prit Malko au dépourvu. Sa bonne éducation lui interdisait de répondre qu'il avait à peu près aussi confiance en elle qu'en un serpent à sonnette. Ce n'était pas galant. Elle continua :

— Je ne coucherai pas avec vous pour vous convaincre de mes bonnes intentions. Vous êtes au-dessus de ces procédés grossiers. Mais je voudrais que vous me croyiez : je veux vous aider.

— Vous êtes masochiste ? demanda Malko.

Il pensait à la façon dont elle avait été éjectée proprement de l'ambassade.

— Non. Lorsque je suis venue là-bas, c'était aussi pour vous voir. On ne m'en a pas laissé le temps. Heureusement que je savais où vous trouver...

— Enfin, que voulez-vous et à quoi voulez-vous m'aider ? Mes fonctions de vice-consul sont de tout repos. À moins que vous n'ayez un appartement à me proposer.

Elle tapota la cendre de sa cigarette et fixa sur lui son regard presque absent.

Ironiquement, elle jeta un coup d'œil à Malko.

— À part les poissons de la baie, tout le monde, ici, sait que vous êtes venu tenter d'arracher au vieux Cunha la signature de sa concession de manganèse. Nous souhaitons que vous ne réussissiez pas, mais nous voulons plus encore l'échec de quelqu'un d'autre.

Malko commençait à être intéressé, et en oublia de lui demander d'où elle tenait ses informations.

— De qui ?

— Vous savez qu'un homme se faisant passer pour vous a été abattu par les hommes de votre ami Frank Gunder, la veille de votre arrivée ?

— Oui. Et alors ?

— Alors, vous êtes persuadé qu'il s'agit d'un homme de notre bord. Et ce n'est pas vrai.

— Qui est-ce alors ?

L'émissaire de quelqu'un que nous haïssons. Vous connaissez Alex von Ritersdorf ?

— Le fiancé de Linda Cunha ?

Elle eut un sourire en coin.

— C'est ça, le « fiancé ». Vous savez qui est Alex von Ritersdorf ?

— Non.

— Eh bien ! c'est l'Obersturmbahnfiihrer Dieter Malsen, ex-chef de la gestapo de Brême, ex-commandant en second du camp de Birkenau, criminel de guerre recherché depuis vingt ans. Il a été condamné à mort par contumace deux fois, en Russie et en Allemagne.

Beau pedigree. Au fond ça n'étonnait pas tellement Malko. Et Frank qui l'avait catalogué comme « inoffensif » !

— Pourquoi ne le dénoncez-vous pas ?

Elle jeta sa cigarette et rit sans joie :

— Vous êtes bien naïf. Notre ami Malsen-Ritersdorf est bien protégé. D'abord, il s'est un peu fait modifier le visage dans une clinique de Madrid, il y a quelques années, ensuite vous savez que même si j'avais dix témoins pour le reconnaître, le Brésil n'est pas très coopératif pour les extraditions politiques. Et de toute façon, il aurait le temps d'aller se réfugier en Uruguay ou au Paraguay, où il serait intouchable.

Malko comprenait de moins en moins.

— Quel est le lien entre le passé de Ritersdorf et le meurtre de mon « sosie » ?

— Alex von Ritersdorf est le chef, au Brésil, de l'Internationale nazie. C'est une organisation qui dispose de beaucoup d'argent et cherche à jouer de nouveau un rôle dans la politique internationale. S'ils pouvaient contrôler ce manganèse, cela serait un point important pour eux...

— Linda est au courant des convictions de son « fiancé » ?

— Cette chienne !

C'était parti du fond du cœur.

La Chinoise cracha comme un chat en colère. Puis se rappelant qu'elle incarnait quand même la grâce féminine, elle s'étira presque voluptueusement et laissa tomber :

— Du moment qu'elle a un homme, elle se moque de son passé. Et il ne lui a certainement pas raconté ce qu'il fait maintenant.

Tout cela rendait Malko bien perplexe.

— Quelle preuve avez-vous de ce que vous me dites ? demanda-t-il. Et pourquoi voulez-vous m'aider, moi ?

Les yeux noirs brillèrent l'espace d'une fraction de seconde. La Chinoise commençait à être sous l'influence de la marijuana et se contrôlait moins. Avec son visage triangulaire et son corps menu elle ressemblait à une panthère stylisée.

— Les preuves, je vais vous les donner, siffla-t-elle. Et si je vous aide, c'est que vous êtes le seul à pouvoir faire quelque chose. Il faut tuer Ritersdorf, vous entendez, le tuer...

D'un bond, elle fut debout. Sans ses chaussures, elle arrivait à l'épaule de Malko. Elle le prit aux épaules. Ses doigts étaient durs comme du fer. Elle se colla contre lui. Son corps était brûlant comme si elle avait eu quarante de fièvre.

Malko était de plus en plus sur ses gardes. Il ne manquait plus qu'une Chinoise exaltée, prêchant la guerre sainte ! On lui avait bien dit que tout pouvait arriver au Brésil, mais quand même...

— Vous allez venir avec moi et je vais vous donner la première preuve de ce que je dis, souffla Lin-Pao dans son cou. Avant tout, il faut que vous sachiez que Ritersdorf porte encore le stigmate de ses crimes : sous l'aisselle droite, il a des chiffres tatoués : ainsi que son groupe sanguin, son numéro d'ordre dans les SS. On le lui a tatoué après qu'il eut arraché les yeux d'un petit chat avec son poignard SS, comme le voulait la tradition. Il y a trente ans de cela.

Elle lâcha Malko juste au moment où le contact de la soie chaude commençait à lui faire de l'effet.

— Vous voulez venir avec moi ? dit-elle brusquement.

— Où ?

— Ce n'est pas très loin. N'ayez pas peur.

Malko hésitait. Il aurait bien aimé que Frank soit là. Ce manganèse semblait avoir déchaîné des personnages aussi inquiétants que déroutants. Finalement, il préférait encore les froids tueurs professionnels des services rivaux. Cela valait mieux que des dingues...

— Bon, fit-il. Je vous suis. Vous avez une arme sur vous ?

Elle éclata de rire et lui tendit son sac.

— Regardez. Voulez-vous me déshabiller ?

Il n'y avait rien d'intéressant dans le sac. Quant à la Chinoise elle-même, on n'aurait pas pu glisser un objet bien important entre sa peau et sa robe. Malko prit une veste et, tournant le dos à Lin-Pao, passa son pistolet plat dans sa ceinture.

Lin-Pao avait remis ses chaussures. De nouveau elle était froide et distante. Elle ne parla que dans le hall :

— Vous avez une voiture ?
— Oui.
— Prenons-la.

Elle s'installa très loin de lui sur la banquette de la nouvelle Chevrolet.

— Vous savez où se trouve la plage de la Barra de Tijuca ? demanda-t-elle.

Malko eut beaucoup de mal à se contrôler. Cette plage déserte était plus fréquentée que les Champs-Élysées !

— Je sais, dit-il sans commentaire.

Ils roulèrent en silence pendant une demi-heure. La Barra de Tijuca était déserte. Çà et là quelques voitures étaient stationnées face à la mer, toutes lumières éteintes. Malko n'était pas tranquille. Il jeta un coup d'œil dans le rétroviseur : rien derrière. Mais le danger pouvait venir d'une des voitures arrêtées. Son dernier passage dans ce coin ne lui rappelait pas de très bons souvenirs.

Lin-Pao regardait le côté droit de la route attentivement.

— Ralentissez, ordonna-t-elle soudain.

Malko obéit. Ils parcoururent encore un kilomètre comme un escargot puis Lin-Pao posa sa main sur le bras de Malko.

— C'est là. Arrêtez-vous face à la mer. Comme ça on ne nous remarquera pas.

— C'est là, quoi ? interrogea Malko.

— Suivez-moi sans poser de questions.

La dernière surprise, cela avait été quatre tueurs...

Il ôta ses clefs de contact et descendit le premier. Une brise tiède et parfumée lui caressa le visage. La mer grondait doucement à cinquante mètres. Tout autour de lui, des couples devaient s'aimer paisiblement dans les voitures arrêtées et lui était embarqué dans Dieu sait quelle histoire. Il les gagnait, ses dollars !

— Venez, souffla Lin-Pao.

Ils traversèrent Sa route. En face partait un petit chemin de terre. La Chinoise s'y engagea résolument. Malko marchait derrière, la main sur la crosse, prêt à tout.

À leur gauche, il aperçut, dans la pénombre, la forme fantastique d'un bâtiment en construction. Lin-Pao s'arrêta et quitta la route à droite. Elle fureta quelques instants puis appela Malko d'un geste.

— C'est là, dit-elle.

Elle montrait dans le champ, un endroit où la terre avait été remuée fraîchement.

— Allez chercher une pelle sur le chantier d'en face, dit Lin-Pao. À moins que vous ne préfériez creuser avec vos mains...

— Creuser !

De mieux en mieux. On le prenait pour un fossoyeur.

— Bien sûr. Il y a là-dessous quelqu'un qui vous intéressera. Rassurez-vous, il ne peut pas vous faire de mal.

À contrecœur, Malko retraversa la route et partit vers le bâtiment en construction. Heureusement qu'il avait son briquet-lampe qu'il alluma avec un peu d'appréhension. Il devait faire une belle cible.

Cette escapade était stupide. Il y avait neuf chances sur dix pour que cette Chinoise lui tende un piège. Ce serait bien fait pour lui. Mais son subconscient lui disait qu'il allait découvrir quelque chose.

Il trouva facilement un lot d'outils posés contre un appentis et choisit une large pelle à ciment.

Lin-Pao l'attendait, silencieuse et immobile près de la tombe. Il ôta sa veste et se mit aussitôt à creuser. La terre était meuble et c'était facile. Mais en dix minutes, il fut quand même en sueur. Impassible, Lin-Pao tenait sa veste. Elle avait vu le pistolet mais n'avait rien dit. Malko eut tout à coup le pressentiment d'une farce énorme et macabre : on lui faisait creuser sa tombe avant de l'exécuter ! C'était très oriental, ça... Il eut la tentation de lâcher sa pelle et de filer. La silhouette immobile de la Chinoise le retint. Il ne fallait pas perdre la face. Mais entre deux pelletées de terre, il regarda les étoiles avec plus d'intensité. La Croix du Sud lui clignait de l'œil, comme un gros phare. Il se rendit compte à cette seconde qu'il était très fataliste. S'il mourait maintenant, ce serait une fin rapide et sans problème. L'idéal, au fond...

La pelle heurta quelque chose de dur.

Avec précaution, il retira encore un peu de terre. Il y avait un cadavre dans cette fosse. D'ailleurs l'odeur fade de la mort jaillit immédiatement. Lin-Pao la sentit aussi. Elle s'approcha et souffla :

— Vous le voyez ?

— Non, mais je le sens.

Il gratta encore un peu. Frissonnant de dégoût, il dut lâcher sa pelle pour utiliser ses mains. Heureusement, le corps était habillé et il put l'attirer par sa veste.

— Sortez-le, ordonna Lin-Pao.

C'était facile à dire ! Malko parvint enfin à agripper le tissu à hauteur de ce qui devait être les épaules.

Pestant et glissant dans la terre grasse, il hissa le cadavre hors de la fosse. Lin-Pao l'aida avec une force inattendue. Malko souffla un instant, épuisé. Il aurait donné cent dollars pour un flacon d'eau de Cologne. L'odeur aurait fait fuir une colonie de putois.

Lin-Pao l'écarta et s'agenouilla près du corps. Elle avait tiré un petit canif de son sac et d'un geste sûr, fendit la toile. Une bouffée d'air infect s'en échappa. Malko en tituba mais la Chinoise ne broncha pas.

D'après l'odeur, il devait être mort depuis plusieurs jours. Quand il toucha la chair froide, le fatalisme de Malko fondit comme neige au soleil. Il aspira une profonde bouffée d'air frais et jeta un coup d'œil émerveillé au ciel étoilé. Il n'y a pas d'étoiles quand on est dans une tombe.

Le cadavre était habillé. Lin-Pao commença à fendre la veste et la chemise. Ensuite elle le retourna sur le dos et fendit la manche droite de la veste.

— Donnez-moi votre lampe, demanda-t-elle.

Malko s'approcha et s'accroupit près d'elle. Soudain, elle poussa une exclamation dans une langue inconnue. Puis le visage convulsé de rage, elle se tourna vers Malko :

— Les salauds ! Ils sont passés avant nous. Regardez.

Et elle éclairait le torse du mort. Elle souleva avec peine la main gonflée et raidie par la mort. Levé à angle droit le bras laissait apercevoir l'aisselle, marquée d'une grande tache sombre. Visiblement, à cet endroit on avait découpé un morceau de chair. Malko préféra ne pas trop se pencher sur la question. Cette besogne macabre commençait à l'excéder.

— Et alors ? bougonna-t-il.

— Cet homme était un SS aussi, gronda-t-elle. Lui aussi portait la marque sous le bras. À l'encre indélébile. Comme von Ritersdorf. Vous m'auriez cru si vous l'aviez vu.

Intéressé, Malko examina le corps plus attentivement. L'homme était méconnaissable. Le visage avait été martelé comme pour rendre toute identification impossible. Avec le gonflement dû à la mort, cela formait une masse immonde. Des plaques de sang séché mêlé de terre cachaient les cheveux.

Indiscutablement, on avait mutilé le cadavre. Pauvre mort, pensa Malko, enterré, déterré, découpé, redéterré !

— Je vous crois, dit Malko. Mais il n'y a plus rien à faire qu'à le remettre où nous l'avons trouvé. Jusqu'à ce qu'on le déterre une fois de plus. Ça a l'air d'être une habitude ici. Les Pompes funèbres doivent faire faillite dans ce pays...

Il pensait au cadavre du secrétaire gardé par le capanga d'Alvaro Cunha. Lui non plus n'avait pas un dernier repos bien tranquille.

Avec l'aide de Lin-Pao, il fit rebasculer le corps dans la fosse. Quelques pelletées de terre et le champ fut dans l'état où il l'avait trouvé.

Quand il eut terminé, il remit soigneusement sa veste et tira sa cravate. Puis il demeura quelques instants immobile près de la tombe. Il ne l'aurait avoué à personne mais il priait. Quand la guerre était encore humaine, on levait toujours son verre à l'adversaire abattu. Et celui-ci était venu mourir si loin de chez lui. Cela se voyait à ses cheveux blonds... Puis il alla remettre la pelle et rejoignit la Chinoise qui l'attendait déjà dans la voiture.

— Alors, où allons-nous maintenant ? demanda-t-il. Vous en connaissez beaucoup dans le coin ?

Butée, elle plongea ses yeux inexpressifs dans les yeux d'or :

— Vous me croyez ?

— Ça dépend. Il est possible que ce mort ait été un nazi. Lorsque j'aurai vérifié que Ritersdorf en est un aussi, cela sera une sérieuse présomption. Mais dites-moi, comment avez-vous découvert ce cadavre ? Vous n'êtes pas voyante tout de même.

— Je les ai vus l'enterrer, j'étais là dans une voiture, dit-elle d'un trait. Je suis une femme et, moi aussi, je tiens à ma réputation, ajouta-t-elle, faussement mutine.

Ça sonnait faux comme le serment d'un ivrogne. Mais Malko n'insista pas. Il n'en tirerait rien de plus. Grâce à Frank, il pourrait peut-être en savoir plus long.

Ils revinrent sur Rio sans parler beaucoup. Tassée dans son coin, la Chinoise boudait.

— Où habitez-vous ? demanda Malko.

— Pas loin de chez vous, rue Miguel Lemos, à Copacabana, après Ipanema.

Elle lui expliqua rapidement le chemin. Dix minutes plus tard, Malko la déposait devant un immeuble moderne, dans une rue tranquille perpendiculaire à l'Avenida Atlantico.

— Je vous aiderai encore, même si vous ne me croyez pas, dit Lin-Pao avant de descendre de la voiture. À bientôt.

Perplexe, il suivit des yeux la mince silhouette. S'il n'y avait pas eu le cadavre, il aurait cru à une farce. Une militante communiste de cet acabit, on n'en rencontre pas tous les jours. Mais elle était certainement mêlée à l'histoire d'une façon ou d'une autre. Comment avait-elle su où ce cadavre était enterré ? En principe, seuls les hommes de Frank le savaient. Plus évidemment, ceux qui l'avaient déterré.

De toute façon, il allait se pencher sérieusement sur monsieur Alex von Ritersdorf. Son amour pour la belle Linda n'était peut-être pas tout à fait désintéressé. Si la Chinoise disait vrai, c'était lui qui était derrière cette succession de meurtres.

Tout s'expliquait parfaitement. Ritersdorf avait eu vent par Linda de l'arrivée de Malko. C'est lui qui avait envoyé le double. De même il avait supprimé le secrétaire d'Alvaro Cunha pour être tranquille. Comme il avait essayé de supprimer Malko. Il espérait certainement influencer le vieux milliardaire s'il ne l'avait pas déjà menacé...

Malko tourna la clef du démarreur. Et s'arrêta net. À la queue leu leu, quatre hommes venaient de pénétrer dans l'immeuble de la Chinoise.

Du coup, Malko stoppa le moteur et descendit de la voiture pour examiner la façade. Plusieurs fenêtres étaient allumées. Il n'avait pas pensé à demander à Lin-Pao à quel étage elle habitait. Il hésita. Et si tout cela était un piège ?

Prudemment, il s'éloigna en flânant et revint par l'autre trottoir, comme un promeneur. Il entra. Il y avait une rangée de boîtes aux lettres. Sur l'une d'elles, une carte : docteur Lin-Pao, 4e étage. L'ascenseur était à côté. Il l'appela. L'appareil mit quelques secondes à arriver.

Malko ouvrit la porte et appuya sur le bouton du quatrième. C'était un modèle hydraulique qu'on aurait mis dans un musée d'art moderne à New York. Pendant que Malko se traînait entre les étages, il vit surgir quatre silhouettes sombres descendant rapidement. Les quatre hommes qu'il avait vus entrer.

Un sale pressentiment lui serra la gorge. Tirant son pistolet, il l'arma, mais il savait déjà que ce n'était pas utile. Avec une petite secousse, l'appareil s'arrêta. Malko sortit brusquement. On entendait un air de samba quelque part dans la maison. En face de lui, une porte était entrouverte. Il s'avança avec précaution et frappa. Pas de réponse. Il poussa la porte qui s'ouvrit complètement. À tâtons, il trouva un bouton électrique et alluma.

La doctoresse Lin-Pao était couchée sur le ventre, au beau milieu de la pièce, encore vêtue de sa robe violette. Il n'eut pas besoin de s'approcher pour voir qu'elle était morte. Une large flaque de sang s'agrandissait autour de son cou. Il se pencha sur elle et recula d'horreur. Elle avait été presque décapitée avec un rasoir qui était encore à côté d'elle. Ses yeux étaient ouverts et son visage défiguré par une terreur atroce. Le fatalisme oriental ne résiste pas à un rasoir très aiguisé...

Malko surmonta son dégoût et, d'un geste léger, lui ferma les yeux.

C'était peut-être un geste ridicule, mais Malko était justement fait de ces petits ridicules-là.

Il regarda autour de lui. Rien n'avait été dérangé. La pièce était simplement meublée d'une table basse en laque, d'un canapé et d'une grande bibliothèque. La porte donnant sur la chambre était encore fermée. Lin-Pao n'avait pas eu le temps d'y arriver. Les assassins étaient venus pour tuer et c'est tout. Finalement, la Chinoise n'était peut-être pas si folle que cela.

Bouleversé, il redescendit à pied. On jouait toujours une samba à l'étage au-dessous. Les danseurs feraient une drôle de tête quand le sang commencerait à filtrer à travers le plafond. Il aspira une goulée d'air frais en sortant. Lui qui n'avait jamais associé Rio qu'au Carnaval...

Il fit prudemment le tour de sa voiture avant d'y monter. La mort par décapitation lui avait toujours fait horreur.

À peine arrivé à l'hôtel, il appela Frank, de nouveau.

— Vous connaissez une Chinoise un peu folle qui se fait appeler Lin-Pao ? demanda Malko.

— Bien sûr ! C'est une dingue. Elle se prend pour la fille naturelle de Mao Tsé-toung. Qu'est-ce qu'elle vous a fait ?

— À moi, rien. On lui a fait. Venez prendre le café, je vous raconterai.

Heureusement qu'on dîne tard à Rio. Malko eut le temps de prendre une douche et de se changer avant d'aller à la salle à manger de l'hôtel. C'était assez sinistre mais il n'avait pas envie de sortir.

Le maître d'hôtel lui recommanda du saucisson chilien qui s'avéra délicieux et un charrasco argentin, c'est-à-dire de la viande grillée. Prudemment, il décida de boire de la bière.

Frank arriva au moment où il hésitait entre avaler son charrasco d'une seule pièce sans le mâcher ou demander une scie à découper à la cuisine. Mais Malko avait horreur du scandale. Il se contenta de pousser la viande sur le bord de son assiette.

D'ailleurs le spectacle de Frank lui aurait coupé l'appétit de toute façon. À son habitude, l'Américain se rongeait furieusement les ongles, une main après l'autre.

— Alors ! fit-il.

Il n'avait aucun sens des convenances. Malko détestait parler affaires durant les repas. Frank dut attendre que Malko eût avalé une pêche au sirop énorme pour connaître l'histoire.

— Qu'en dites-vous ? demanda Malko, quand il eut raconté sa soirée.

Frank se rongea l'index :

— Je n'y comprends rien. Je connaissais cette fille depuis que je suis au Brésil. C'est vrai c'est une communiste, du moins elle le clamait partout, mais personne ne la prenait au sérieux. C'est notre ami Crandao qui m'en avait parlé. Elle voulait faire un procès à l'État de Sao Paulo, parce qu'on l'y avait décrétée indésirable. Elle s'était adressée à Crandao. Je ne comprends pas comment elle a pu être mêlée à cette affaire et surtout pourquoi on l'a tuée si vite.

— On a dû la suivre, dit Malko.

— Hon-hon, fit Frank. On n'a même pas cherché à la faire parler, d'après ce que vous m'avez dit... Elle aurait donc raison et les hommes de Ritersdorf l'auraient descendue pour la punir d'avoir vendu la mèche.

— En tout cas, le pays est malsain, récapitula Malko. Mon « double » arrive. Vous le tuez. Un cadavre. Ensuite votre homme de confiance a des malheurs également. Second cadavre mis au frais. Maintenant la Chinoise. Sans compter Ruth et moi qui l'avons échappé de justesse. À qui le tour ?

— Je sais, je sais, grommela Frank. Si c'était si simple, on ne vous aurait pas fait venir de Washington. À propos, qu'a donné votre entrevue avec le vieux ?

— À lui, deux cents dollars. À moi, rien. Il n'est pas pressé, dit-il. Je le revois demain.

Il raconta son entrevue et la partie de gin-rummy. Frank s'attaqua frénétiquement à son pouce :

— Bravo ! Maintenant vous voilà engagé dans un championnat de gin ! Le vieux est en train de nous doubler. Je ne sais pas avec qui, mais il nous double. On se réveillera un jour, avec le contrat signé.

— Mais enfin, ça peut se faire si facilement ?

Frank haussa les épaules.

— Bien sûr. Ce n'est pas un contrat de gouvernement à gouvernement. Si demain il vous appelait pour signer avec vous, mon cher SAS, vous seriez milliardaire... en puissance. N'importe qui vous donnerait quelques millions de dollars de votre bout de papier.

Cette perspective plongea Malko dans une profonde rêverie. Pour le coup, il pourrait finir son château, engager un personnel compétent et vivre selon son rang. Et surtout, ne plus se mêler à toutes ces affreuses histoires.

Il y avait hélas encore quelques cadavres entre ces millions et lui.

Frank n'avait plus d'ongles. Il se leva et dit :

— Demain matin je signale discrètement le cadavre de la Barra de Tijuca. Autant qu'il ait une tombe décente. Pour la Chinoise, c'est pas la peine, les voisins s'en chargeront. Je vous appelle.

Malko ne lui avait pas parlé de son rendez-vous avec Linda. Par une coquetterie un peu hypocrite, il considérait cela comme sa vie privée et il avait horreur de faire étalage de ses bonnes fortunes. Dès que Frank fut parti, il signa son addition, se fit monter une bouteille d'eau minérale dans sa chambre et partit se coucher.

Un quart d'heure plus tard, drapé dans un pyjama de soie blanche, il dormait du sommeil du juste.

En fermant les yeux, on se serait cru en plein Carnaval. À eux trois, les danseurs-chanteurs faisaient autant de bruit qu'une école de samba tout entière. Il faut dire que le restaurant était minuscule : une douzaine de tables. Il y avait d'abord eu un guitariste à la voix extraordinairement basse qui chantait de vieilles chansons du folklore brésilien. Puis les trois danseurs en tenue blanche avaient pris possession de la scène, avec leurs instruments bizarres : le tambourin en peau de chat, les bâtonnets qu'on tape l'un sur l'autre et une sorte de crécelle qui donne le rythme frénétique de la vraie samba.

— Ces trois-là à New York feraient fortune, dit Malko à Linda.

Elle approuva de la tête. Ceux-là n'étaient pas encore gâchés par le tourisme. Ils descendaient tous les soirs de leur favella et exécutaient leur numéro pour quelques cruzeiros. Ils ne savaient pas lire et n'avaient jamais entendu parler de New York.

Se démenant, chantant à pleine voix, tirant le maximum de leurs instruments, ils chantaient tous les airs à succès du Carnaval précédent avec un rythme qui donnait envie à Malko, pourtant peu amateur de musique exotique, de se lever et de danser avec eux. Pour la première fois, il comprenait la magie de Rio, de cette ville où la moitié des gens meurent avant vingt ans mais où les plus miséreux économisent sou par sou toute l'année pour avoir un beau costume la semaine sacrée du Carnaval.

C'est Linda qui avait choisi le restaurant. Malko s'était présenté à la villa d'Alvaro Cunha vers neuf heures. L'affreux capanga lui avait ouvert. Il l'avait guidé jusqu'au salon et, avec des grâces de babouin, lui avait proposé un whisky. Malko avait poliment décliné l'offre. À son avis la seule place du Brésilien était dans un arbre élevé de la forêt tropicale.

Linda était apparue immédiatement. Moulée dans une robe d'été de shantung au décolleté brésilien, elle était ravissante. Sa robe aurait déclenché une émeute à un Congrès d'aveugles. Malko s'inclina et lui baisa la main.

Elle éclata de rire :
— Ce que vous êtes drôle !
— Pourquoi ? demanda-t-il, un peu vexé.
— Eh bien, ce que vous venez de faire là. C'est la première fois qu'on me le fait. Du moins quelqu'un que je ne connais pas. Ne recommencez pas avec des dames que vous ne connaissez pas, vous auriez des ennuis avec les maris. Ici, cela n'a pas tout à fait le même sens...

« Et puis, pourquoi êtes-vous habillé comme ça ?
Inquiet, Malko se regarda dans la grande glace. Pour Linda, il étrennait un costume en alpaga gris très foncé, à son habitude, qu'il avait assorti avec une chemise bleue et une cravate de Dior achetée dans la Fifth Avenue à New York, et qui lui avait coûté une petite fortune.

Avant que Malko ne soit revenu de sa muette consternation, Linda s'approcha de lui. Elle déboutonna sa veste. D'un geste précis, elle tira un pan de sa cravate et en un tour de main eut défait le nœud. Puis elle la tira et, insinuant un long doigt entre le cou et la chemise de Malko, elle défit son premier bouton. Puis, satisfaite, elle contempla son œuvre.

— Vous êtes beaucoup mieux comme ça, dit-elle.

— Est-ce que je peux garder mes chaussures ? demanda poliment Malko.

Elle éclata de rire et lui jeta sa cravate sur l'épaule.

— Ne soyez pas méchant. Ici, à Rio, on s'habille l'après-midi et on se déshabille le soir. Pour aller au bureau, il faut une cravate, pas pour sortir. Là, on s'amuse et il fait trop chaud.

Elle le prit gentiment par la main et l'entraîna. Il se sentait un peu ridicule, col ouvert, au bras de cette élégante jeune femme en robe de cocktail et talons hauts. Elle marchait en se déhanchant légèrement, comme les Noires, d'une allure très sensuelle. Le grand-papa Cunha avait dû avoir des bontés pour ses planteuses de canne à sucre. Mais au Brésil ça n'a pas d'importance. Personne n'est complètement blanc.

Le sinistre capanga veillait à la porte. Il se cassa en deux devant sa maîtresse.

— Vous en avez beaucoup des comme ça? demanda Malko.

— Beaucoup. Celui-ci est précieux. Il tuerait ses propres enfants si mon père le lui demandait.

Malko sauta sur l'occasion.

— Votre père, à propos, où est-il? Je lui ai téléphoné cet après-midi. Je n'ai pas pu le joindre. Vous savez que je suis en service commandé à Rio...

Elle le tira par la main et effleura ses lèvres :

— Pas ce soir. Ne gâchez pas la soirée en parlant d'affaires.

Il n'insista pas. Si Linda se dégelait elle pourrait être précieuse. Il serait temps. Larry Gallo avait reçu de Washington un câble rappelant aimablement que le Brésil était un pays de tourisme, mais pas pour les diplomates en mission, et que plusieurs postes en Tanzanie Orientale étaient encore vacants...

Malko ouvrit la portière de la Chevrolet. En pivotant, Linda découvrit assez de cuisse pour aveugler un honnête homme. Malko se mit au volant. Il était en plein délire. Depuis son arrivée, le problème du manganèse n'avait pas avancé d'un centimètre, les cadavres s'accumulaient sans raison apparente, et lui partageait ses soirées entre un cousin buvant comme un poisson et une jolie femme, fiancée de surcroît ! Il ne manquerait plus qu'un drame passionnel. De ce côté-là, il se sentait sûr de lui. Frank lui avait d'abord conseillé de ne pas quitter son pistolet. Malko lui avait ri au nez : il avait horreur de jouer au gangster et ne s'armait que pendant ses heures de travail.

Linda le guida jusqu'au restaurant, le *Castellino*, la boîte à la mode de Rio. Le patron se plia jusqu'au sol en la voyant et ils eurent d'emblée la meilleure table.

— Laissez-moi choisir le menu insista Linda.

Elle commanda des *camarao à la Bahiao*[1] et une salade faite de cœurs de palmiers et de différentes plantes inconnues de Malko. Plus du vin brésilien.

La salade était délicieuse. Fraîche et assez relevée. Quant au vin, il devait titrer au minimum quatorze degrés...

1. Grosses crevettes préparées à la mode de Bahia.

On apporta les *camarao*. C'étaient d'énormes crevettes avec du riz tellement épicé que Malko faillit cracher la première bouchée. Linda nettoya son assiette à la vitesse d'un chat affamé.

Sous la table, la jambe de Malko s'appuya contre Linda. La jeune femme sourit un peu et dit :

— Vous êtes déjà très brésilien.

Mais elle ne retira pas sa jambe. La musique empêchait toute conversation suivie. Devant la méfiance manifeste de Malko pour les *camarao*, Linda prit une des grosses crevettes et versa dessus assez de piment pour faire un trou dans la table. Puis elle le tendit à Malko :

— Prenez cela si vous m'aimez un peu.

Résigné, il avala.

Il lui fallut trois verres remplis de vin pour faire repasser son visage de l'aubergine au rouge cardinal. Il avait l'impression qu'une myriade d'animalcules étaient en train de dévorer les parois de son estomac. Gourmande, Linda étala un peu de piment sur du pain et le goba.

— C'est avec un piment de ce genre qu'on a tué le secrétaire de mon père, précisa-t-elle aimablement.

— Merci, dit Malko. Un ne vous suffit pas ?

Les yeux de Linda pétillaient d'ironie.

— Vous ne l'avalez pas de la même façon.

En dépit du vin, Malko avait encore l'esprit clair.

— Qui l'a tué, à votre avis ?

— Des gens qui lui voulaient du mal, répondit Linda avec une grande logique.

— Mais ce sont des Brésiliens, pour l'avoir exécuté de cette façon, disons folklorique...

Linda soupira :

— Oui, mais cela peut être des Brésiliens travaillant pour des étrangers.

Malko tenta un dernier effort :

— Mais qu'a dit votre père, du meurtre de son secrétaire ?

Elle eut une moue charmante :

— Il n'en était pas très content. Il tournait trop autour de moi...

Évidemment, c'était une raison. C'est le père Francisco Vargas qui avait déjà dit au xviie siècle, qu'au sud de l'Équateur, il n'y avait plus de péché...

— Allons danser, dit soudain Linda. Vous connaissez le *Zum-Zum ?*

— *C'est* une danse ou un dieu vaudou ?

— C'est une boîte. La plus drôle de Rio.

Ils mirent le cap sur le *Zum-Zum*. C'était à trois rues de là, sur l'avenue Nostra Senhora de Copacabana.

Là aussi, ils eurent une place tout de suite. Malko commanda deux *cacha* pour faire plaisir à Linda. D'ailleurs cet alcool blanc lui rappelait la vodka. Il but la sienne d'un coup. Il commençait à se sentir sérieusement euphorique.

— Si nous dansions ? proposa-t-il à Linda.

Il y avait une piste minuscule. Ils dansèrent coup sur coup plusieurs slows brésiliens, très rythmés. Linda ondulait doucement, effleurant à peine Malko. Elle avait noué ses bras autour de la nuque de son cavalier et il sentait ses hanches l'effleurer au gré de la musique. Jamais elle ne s'appuyait contre lui, mais il avait mille fois plus envie d'elle que si elle s'était collée à lui.

Il lui serra un peu plus la taille. Elle leva vers lui deux grands yeux noisette avec une lueur indéfinissable :

— Vous avez envie de moi...

Ce n'était ni un reproche, ni une question, mais une constatation. Malko, complexé par l'absence de cravate, ne répondit pas.

— Attendez, lui souffla Linda à l'oreille. Je ferai l'amour avec vous, après. Comme vous voudrez. Elle soupira : j'aime faire l'amour. Vous aussi. Cela se voit dans vos yeux. On dirait de l'or fondu. On a envie de vous les enlever pour en faire des bagues qui porteraient bonheur.

Malko eut un imperceptible recul.

— Je plaisante, dit Linda. Mais soyez gentil. Ne pensez pas à l'amour maintenant, ou vous ne danserez pas bien. Après nous aurons le temps. Dansons.

Ils dansèrent. Les disques avaient été remplacés par une chanteuse noire, Nara Léon, qui alternait des sambas et des chansons lentes aux refrains déchirants de tristesse.

Linda n'avait plus rien dit. Tout à coup, Malko sentit un liquide chaud glisser sur sa main. La jeune femme pleurait. Il souleva son visage. Elle tourna vers lui des yeux pleins de larmes. Son menton tremblait un peu et elle sanglotait sans retenue comme une petite fille.

— J'ai la *saudade*, murmura-t-elle. Le cafard.
— Pourquoi ?

Elle haussa légèrement les épaules.

— Si je vous demandais d'aller à l'aéroport maintenant avec moi et de monter dans le premier avion, vous diriez « non » et vous me prendriez pour une folle... Alors à quoi bon vous expliquer ?

Malko sentit une telle détresse dans cette voix qu'il tenta d'en savoir plus.

— Qui fuyez-vous ?
— Moi.

Elle secoua ses cheveux.

— Ne parlons plus de ça. Assez dansé pour ce soir. Partons d'ici.

Trois minutes plus tard, ils étaient dehors.

— J'ai envie de conduire, dit Linda.

Elle prit les clefs des mains de Malko et s'installa au volant. Elle conduisait très bien, mais brutalement. Après dix minutes elle stoppa brusquement devant un immeuble assez lépreux, au coin de la place Maria Isabel.

— C'est ici.

Malko la regarda, un peu surpris.

— Oui, expliqua-t-elle. Mon père n'aime pas que je ramène des hommes à la maison, alors j'ai mon studio...

Sans mot dire, il la suivit.

Ils prirent un ascenseur sale jusqu'au huitième. Au bout d'un long couloir, Linda s'arrêta devant une porte de bois. Elle fit entrer Malko le premier et alluma.

C'était un studio spacieux, meublé banalement. Il y avait un large divan bas, un électrophone et une commode avec une grande *figua* noire. Le plafond était à plus de quatre mètres et une loggia avançait jusqu'à la moitié de la pièce. Elle était fermée par des rideaux.

Linda mit un disque et s'appuya à la commode en regardant Malko, les yeux mi-clos. Une expression indéfinissable tordit son visage, comme une douleur cachée. Malko fit un pas en avant et la prit doucement par les épaules. De son autre main, il lui caressa légèrement le visage.

Elle le regarda avec surprise :

— Pourquoi êtes-vous si gentil, si doux ?

Il ne répondit pas. Linda était malheureuse et il n'avait jamais pu s'empêcher d'être intéressé par une femme malheureuse...

Les lampes de l'électrophone ayant chauffé, la musique éclata brusquement dans la pièce. Ce fut comme un déclic pour Linda. La tristesse s'effaça de ses yeux, elle jeta ses deux bras autour du cou de Malko et l'embrassa.

Quand il la regarda à nouveau, ses pupilles s'étaient élargies et son corps un peu frêle s'appuyait lourdement contre le sien.

Malko la reprit dans ses bras. Ce n'était plus de la tendresse qu'il éprouvait à son égard mais un désir attisé par cette musique sauvage. Il glissa la main dans son dos et tout en l'embrassant, saisit la tirette de sa fermeture Éclair.

— Non, souffla-t-elle dans son oreille.

Un peu surpris, il se contenta de lui caresser le dos. Elle n'avait pourtant pas l'air d'une allumeuse. Une pensée déprimante le traversa. Quelque chose ne collait pas. Cela s'était passé trop facilement. Insensiblement, il s'écarta.

Elle se rapprocha.

— Pourquoi voulez-vous m'ôter ma robe ? murmura-t-elle, mutine. Vous avez des principes ? On ne fait l'amour qu'à une femme nue dans votre pays ?

C'était on ne peut plus clair. La main gauche de Malko glissa sur sa poitrine et vint se poser sur sa hanche.

— Ça serait agréable que vous n'ayez rien sous votre robe, dit-il doucement.

— Mais je n'ai rien, répondit Linda avec simplicité.

Une boule se noua et se dénoua à toute vitesse dans l'estomac de Malko. Presque brutalement, il fit ce qu'elle attendait, sans même enlever sa veste.

Ses cheveux noirs répandus sur l'épaule de son partenaire, Linda égrenait des mots sans suite en brésilien. Cela dégrisa un peu Malko quand il en saisit un au passage : c'était une interjection ordurière. La richissime Linda aimait s'encanailler.

Elle sentit son recul et le retint contre elle. Les yeux encore embués de plaisir, elle dodelinait de la tête en chantant à mi-voix les paroles de la samba qui passait sur l'électrophone.

— Vous connaissez ? demanda-t-elle à Malko.
— Non, dit-il.
— C'est la *Samba des Langoustes*. L'air à la mode.

Elle fredonna à son oreille :

Est-ce que la langouste est un poisson ?
Est-ce quelle nage ou marche au fond ?
Qu'importe que je n'en sache rien
Je n'en mangerai jamais, même un brin.

Malko écouta d'une oreille distraite les dernières paroles. Son regard venait de tomber accidentellement sur une petite glace accrochée au mur en face de lui. Le rideau de la loggia se reflétait dans cette glace.

Or, ce rideau venait de bouger légèrement, dans le dos de Malko.

La fenêtre étant fermée, cela ne pouvait signifier qu'une chose : quelqu'un était derrière le rideau.

Outre le désagrément de partager des moments d'intimité avec un tiers, cela représentait pour Malko une menace très précise. Il était désarmé et sans défense et l'inconnu caché en haut ne pouvait avoir qu'un but : le tuer.

CHAPITRE VII

Tous ses muscles bandés dans l'attente de la balle qui allait le frapper dans le dos, Malko fit un effort surhumain pour ne pas bondir jusqu'à la porte. C'eût été idiot. L'inconnu avait dix fois le temps de le tuer.

Son désir et cette espèce d'ivresse provoquée par la musique, l'alcool et l'amour s'étaient évanouis d'un coup. Linda sentit le changement d'attitude de Malko.

— Qu'est-ce que vous avez? demanda-t-elle.
— Rien, je pensais.

Une rage folle l'envahissait. Il aurait volontiers serré le cou mince et gracile de Linda. Elle l'avait merveilleusement amené dans ce guet-apens... Maintenant, dès qu'il s'écarterait d'elle, le tueur caché dans la loggia l'abattrait facilement... Il était dans de beaux draps!

Pour gagner du temps, il prit soudain Linda par la main et l'entraîna sous la loggia, en prenant bien soin qu'elle soit toujours entre lui et le tueur.

Il s'assit sur le lit et l'attira près de lui. Il venait d'avoir une idée, qui pouvait lui sauver la vie.

D'où il était, il surveillait les mouvements du rideau dans la glace. Celui-ci bougea encore un tout petit peu, comme si, à son tour, l'inconnu guettait Malko...

En s'efforçant de ne pas penser au tueur, Malko enlaça Linda. Cette fois, c'est lui qui lui fit sentir son désir. Il l'embrassa fougueusement dans le cou, puis, l'attirant, s'étendit contre elle sur le divan.

Il ne mit pas longtemps à l'enflammer. Mais au moment où elle glissait ses mains sous sa chemise, il murmura dans son oreille :

— Pourquoi ne pas m'avoir dit que nous étions trois ?

Elle sursauta et, les prunelles dilatées, demanda :

— Comment ça, trois ?

— En haut, souffla Malko. Il y a quelqu'un. J'ai vu bouger le rideau plusieurs fois.

Un sourire affleura aux lèvres de la jeune femme et disparut.

— Vous vous trompez, dit-elle sans conviction.

La main de Malko monta à sa gorge. Il la serra très légèrement mais en enfonçant le pouce et le médium dans les carotides. Linda se débattit furieusement.

Malko relâcha un peu sa prise et dit :

— J'ai bien envie de vous tuer...

Sa voix était devenue froide et impersonnelle. Linda sentit qu'il pensait ce qu'il venait de dire. Les yeux d'or n'étaient plus que deux fentes dures, luisant, dans la pénombre comme les yeux d'un fauve.

— Vous êtes fou, gémit Linda.

— Chut, dit sèchement Malko à voix basse. Et fais ce que je te dis. Sinon, je t'étrangle tout de suite et même ton tueur n'aura pas le temps de t'aider.

Elle voulut parler, mais il lui mit la main sur la bouche et murmura contre son oreille :

— Tu vas te lever, aller toute seule jusqu'à la porte, éteindre la lumière. Puis tu reviens ici. Sans rien dire. Attends, déshabille-toi, c'est plus vraisemblable. Est-ce que la porte est fermée à clef?

Elle secoua la tête.

— Bon. Alors, vas-y.

D'un geste précis, elle fit glisser sa fermeture Éclair et se débarrassa de sa robe en la roulant contre ses hanches. Ses seins effleurèrent le veston de Malko. Elle se leva et sans se retourner, traversa la pièce. La dernière chose que Malko vit d'elle fut ses deux fossettes au creux des reins...

La lumière s'éteignit.

Malko bondit du lit souplement. Dans l'obscurité, il frôla Linda. Il lui sembla qu'elle riait. Sans encombre, il atteignit le bouton de la porte. Le tueur ne pouvait que tirer au jugé, mais il valait mieux ne pas s'éterniser.

La porte s'ouvrit facilement. Malko se glissa dehors et referma. Une seconde, il resta à écouter sur le palier désert. Un autre tueur pouvait le guetter dehors.

Rassuré par le silence, il descendit les escaliers quatre à quatre et ne s'arrêta que dans la rue. Tout était si calme qu'il se demanda un instant s'il n'avait pas rêvé.

« Bah, pensa-t-il, si je me suis trompé, je lui enverrai des fleurs demain matin. Sinon, c'est elle qui m'en aurait envoyé... »

Sa voiture était en face. Il grimpa dedans et démarra aussitôt. Sitôt passé le coin, il s'arrêta pour remettre sa cravate. Maintenant, il était plein de scrupules. Et si Linda n'était pas dans le coup ? Elle devait être en train de se faire égorger. Il fut tenté de téléphoner à Frank, mais de toute façon, il était trop tard. Il choisit une demi-mesure : faisant le tour du pâté de maisons, il revint se garer un peu plus loin, de façon à surveiller la porte de l'immeuble.

Il attendit près d'une heure. L'immeuble était noir et silencieux. Il allait s'en aller, lorsque le hall s'éclaira. Une minute plus tard, Linda sortit.

Elle était suivie d'un homme qui lui prit le bras tendrement. Ils s'éloignèrent à pied à l'opposé de Malko. Celui-ci avait plongé sur le siège de sa voiture. Il se releva secoué d'un rire nerveux et silencieux :

L'homme qui accompagnait Linda était Alex von Ritersdorf, son fiancé.

Malko mit en route. Ce qu'il avait pris pour une tentative d'assassinat n'était que le jeu érotique de deux dévoyés sexuels : le bel Allemand appartenait à la catégorie des voyeurs et Malko lui avait offert involontairement un spectacle de choix...

Il rentra à l'hôtel directement. Assez d'émotions. Cela n'empêchait pas que von Ritersdorf pouvait être voyeur et nazi. À vérifier.

Sous le chuintement de l'air conditionné qui marchait par miracle, il s'endormit immédiatement. Il comprenait pourquoi Linda avait pleuré au *Zum-Zum*. Par moments, elle devait rêver à des mœurs sexuelles plus normales.

— Conférence à dix heures à l'ambassade.

La voix de Frank n'était pas amène et Malko n'était pas réveillé. Il grommela : « J'y serai. » Et raccrocha.

Il n'arriva que vingt minutes en retard, pris dans un embouteillage incroyable sur l'Avenida Atlantico. Larry Gallo et Frank étaient déjà là. Jovialement, le diplomate interrogea Malko.

— Alors, quoi de neuf, mon cher vice-consul ?
— J'ai perdu quatre cents dollars au ginrummy que je vais mettre sur ma note de frais et j'ai appris un remède contre les coups de soleil, soupira Malko. C'est à peu près tout.

Une semaine s'était écoulée depuis la soirée avec Linda. Sept jours pendant lesquels le travail de Malko n'avait pas avancé d'un millimètre. L'ambiance détendue de Rio aidant, il commençait à se sentir en vacances. Miraculeusement, plus aucune mort brutale ne s'était produite dans son entourage et rien ne l'avait plus menacé.

Il avait revu Linda.

Le lendemain de leur étrange soirée, il lui avait téléphoné pour la prier de l'excuser de sa nervosité. Puisqu'il n'y avait pas eu tentative de meurtre, autant la laisser sur ses illusions... Mais elle n'avait pas cherché à le revoir. Malko en était un peu vexé. Au fond, il avait juste servi de partenaire interchangeable. Il restait quand même un gros point d'interrogation : qui était Alex ? Était-il nazi comme l'avait prétendu la doctoresse avant d'être assassinée ? Et dans ce cas, voulait-il le manganèse ? Ou n'était-il qu'un inoffensif détraqué sexuel qui avait trouvé en Linda une partenaire consentante ? Malko avait cherché à le voir plusieurs fois. Ils s'étaient même rencontrés au yacht-club, pour l'apéritif. Von Ritersdorf était toujours très poli, mais il n'y avait rien à en tirer. Et il ne se mettait jamais en maillot. Si, vraiment, il avait été SS, il devait porter sous l'aisselle le tatouage indélébile de tous les SS.

Malko rongeait son frein. Tous les jours, ponctuellement à deux heures trente, il sonnait à la villa de Cunha. Le capanga le menait jusqu'au salon où l'attendait le vieux milliardaire encadré de ses nègres-fumeurs.

Le rite était immuable. Alvaro Cunha serrait la main de Malko sans se lever et commençait immédiatement à battre les cartes. Pendant deux heures ils ne parlaient que pour dire « gin » ou « je descends ».

Puis, Malko faisait les comptes. Deux fois sur trois, le Brésilien gagnait. Il avait une chance incroyable. Quand, par hasard, Malko faisait une descente un peu trop rapide, il jurait à voix basse, égrenant un chapelet d'obscénités… Il était mauvais perdant. Son sourire ne revenait qu'au moment où Malko tirait le rouleau de billets de sa poche… Malko n'avait pas encore vu la couleur de son argent : lorsque Cunha perdait, il se contentait de créditer Malko pour le lendemain…

La veille, Malko en avait eu assez. Après avoir donné au Brésilien quatre-vingt-cinq dollars, il lui avait dit :

— Monsieur Cunha, je souhaiterais vivement vous voir pour autre chose que le gin-rummy.

Alvaro Cunha avait posé ses énormes battoirs sur la table et demandé :

— Oui, pourquoi donc ?

— Pour signer l'accord concernant votre manganèse, laissa tomber Malko.

Le milliardaire avait déployé toute sa taille comme pour foudroyer Malko.

— Senhor Malko, répliqua-t-il sèchement, je vous ai donné ma parole que je signerai. Nous avons le temps. Ma fille ne se marie pas encore. Maintenant, si vous n'avez plus envie de jouer avec moi, personne ne vous y force.

Malko avait battu en retraite. C'était son seul contact avec le milliardaire et il ne voulait pas le perdre. Il murmura une phrase polie et assura Cunha que sa plus grande joie sur terre était de perdre son argent avec lui.

La colère du Brésilien tomba aussi vite qu'elle était venue. En le quittant, il serra chaleureusement la main de Malko en clignant de l'œil.

— Tout finira par s'arranger, fit-il gaiement.

Oui, mais pour qui ? Malko commençait à croire que les craintes de Frank étaient sérieusement fondées. Un jour, Cunha allait lui annoncer froidement qu'il avait signé avec un de leurs mystérieux adversaires et bernique…

En sortant, ce jour-là, Malko avait rendez-vous avec Ruth, en face du *Copacabana Palace*. Elle était déjà sur la plage quand il arriva, entourée d'un cercle de Brésiliens qui rapprochaient sournoisement leurs serviettes dans un mouvement d'encerclement digne de Bismarck. Elle embrassa légèrement Malko sur les lèvres. Elle semblait avoir complètement oublié leur équipée sur la plage. Malko la voyait maintenant presque tous les jours. Ils dînaient ensemble un jour sur deux et Malko ne couchait plus qu'irrégulièrement dans sa chambre du *Copacabana*.

Ruth lui avait promis de l'aider. Elle connaissait beaucoup de gens à Rio.

Ce jour-là, ils allèrent d'abord gambader dans l'eau sans arrière-pensée. Ruth nageait comme un poisson et plongeait dans les grandes vagues qui roulaient sur elle dans un nuage d'écume.

Quand ils eurent bien nagé, ils retournèrent s'étendre au soleil. Détendu, Malko s'endormit, le bras de Ruth sur ses épaules. Lorsqu'il se réveilla, il étouffa un cri de douleur : ses épaules étaient rouge vif. Ruth somnolait encore à côté de lui. Pour trouver un peu de fraîcheur, il courut jusqu'à l'eau. Ce fut encore pire. Il avait l'impression qu'on lui avait repassé le dos avec un fer rouge.

Ruth ouvrit les yeux et éclata de rire :

— *Meu amor*, vous êtes comme une écrevisse... Ne craignez rien, je connais un remède souverain pour les coups de soleil. Venez à la maison.

Il se rhabilla avec peine. Même le contact du tissu léger de sa chemise lui fit mal.

Au passage, Ruth entra dans la pharmacie qui se trouve sous les arcades du *Copacabana Palace* et acheta une grosse fiole bleue. Dès qu'ils furent chez elle, elle fit déshabiller Malko et commença à l'oindre avec le liquide blanc contenu dans la fiole.

— C'est du lait de magnésie, expliqua-t-elle à Malko. En principe, c'est pour les maux d'estomac. Mais il n'y a rien de tel pour les brûlures du soleil.

C'était vrai. Le lendemain, il ne sentait plus rien.

Pour remercier Ruth, il lui acheta un disque et alla la retrouver à son bureau de l'ambassade, au rez-de-chaussée. Elle rougit de plaisir et murmura à Malko :

— Justement, j'avais quelque chose à vous dire. C'est peut-être important.

Elle chuchota deux phrases à son oreille. Malko demeura impassible mais quand il prit l'ascenseur pour rejoindre le second conseiller, il sifflotait gaiement. Pour la première fois depuis une semaine, il se passait quelque chose.

On aurait entendu une mouche voler dans le bureau de l'ambassadeur. Après son résumé, Malko précisa :

— Je suis aussi en très bons termes avec la fille de notre interlocuteur, Linda.

Le visage du second conseiller s'éclaira :

— Il y a peut-être alors une possibilité, commença-t-il.

Frank interrompit son manège de petit rongeur pour laisser tomber :

— Vous devez être le cent dix-huitième à Rio. Cette Linda, c'est un paillasson. Les Cariocas disent qu'il n'y a que le Corcovado qui ne lui soit pas passé dessus...

Évidemment, l'exploit perdait de sa valeur.

Mais Malko avait gardé les bonnes nouvelles pour la fin.

— J'ai aussi découvert quelque chose, annonça-t-il. Tous les après-midi, Alvaro Cunha rencontre un mystérieux émissaire avec qui il discute affaires. Cela se passe sous le couvert d'un rendez-vous galant...

Frank bondit de son fauteuil :

— Qui vous a dit cela ?

Modestement, Malko eut un geste évasif.

— Je ne peux pas vous le dire. Mais c'est facilement vérifiable...

Ruth lui avait recommandé de ne pas dire à Frank qu'elle donnait à Malko cette information. Normalement, elle aurait dû l'avertir, lui.

La révélation de Malko jeta un froid.

— Qui rencontre-t-il, mon Dieu ? gémit le diplomate.

Frank eut un geste évasif :

— Peu importe. Ce qu'il faut, c'est ne pas laisser ce vieux singe nous avoir.

— Qu'est-ce que vous préconisez ? demanda le diplomate.

Frank eut un geste sans équivoque :

— Avec ce qui meurt ici tous les jours, un de plus, un de moins, ça ne se remarque pas...

Malko l'interrompit :

— Et après ? Vous tuerez la fille, puis les parents. Seulement, je vous signale que le manganèse revenant, faute d'héritiers, au Brésil, il n'y aura plus qu'à liquider quatre-vingts millions de Brésiliens... Or, c'est du génocide et c'est très mal vu à l'ONU.

Frank était furieux. Il toisa Malko.

— Parfait. Faites-en à votre tête, espèce d'intellectuel. Quand vous aurez assez couché avec la fille, le vieux vous couchera peut-être sur son testament...

Il écrasa sa cigarette dans un cendrier et sortit en claquant la porte.

Le second conseiller regardait Malko d'un air gêné.

— Frank est un peu brutal, mais il a raison sur un point. On ne peut pas laisser ce Brésilien se moquer de nous indéfiniment, mon cher Malko.

Malko plissa ses yeux d'or.

— Mon cher, je ne suis pas venu au Brésil pour tuer tout le monde. Il y a assez de morts dans cette histoire. Quelque chose m'échappe. Je voudrais comprendre pourquoi ce bonhomme veut nous doubler et avec qui. Pour l'instant, le tuer n'avancerait à rien. Car nous ne savons pas pourquoi il hésite. Nous nous retrouverions au même point avec sa fille.

— Bien sûr, mais...

— Il n'y a pas de « mais ». J'ai une piste que je crois sérieuse. Dans ce cas, supprimer Cunha serait une erreur colossale.

Il reprit l'histoire de la Chinoise et de son meurtre en omettant les petites manies de Ritersdorf.

— Je veux d'abord savoir si Ritersdorf est notre adversaire, conclut-il. Dans ce cas, étant donné ses fiançailles avec Linda, ce serait lui l'homme dangereux. Pour cela je vais lui tendre un piège, ces jours-ci. Après, nous agirons contre Cunha, si c'est nécessaire.

— Tout cela ne dit pas pourquoi Alvaro Cunha ne signe pas avec nous, remarqua le diplomate.

— Parce qu'il y a un troisième larron.
— À vous de le découvrir, alors.

L'argumentation de Malko avait un peu rassuré Larry Gallo. Il laissa partir Malko sur une vigoureuse poignée de main.

Malko n'avait que le temps de filer à la villa : Alvaro Cunha l'attendait pour la rituelle partie de gin-rummy.

Le capanga introduisit Malko silencieusement et le mena au salon. Le vieux Brésilien était déjà à la table de jeu, jouant nerveusement avec les cartes.

— Vous êtes en retard, dit-il presque sévèrement. À vous de donner.

C'était à se demander comment il avait pu vivre sans Malko. Celui-ci donna. Retourna l'as de pique. Ça commençait bien. Malko avait un jeu épouvantable. Pas deux cartes ensemble.

Il jeta un roi. Le vieux le prit. Il tira un neuf qui lui fit un brelan. Jeta un sept de carreau. Le vieux le prit encore. Il y eut trois ou quatre coups où il ne rentra aucune carte. Et brusquement, Cunha triompha :

— Gin !

Son jeu était presque fait au départ. Il lui manquait trois cartes et Malko lui en avait donné deux. Il restait à Malko trente-sept points en main. Plus les vingt-cinq de gin et doublé, ça commençait mal.

Ça ne fit qu'empirer. Coup sur coup, Malko perdit trois parties. Dans la dernière, il se déblitza de justesse. À cent cruzeiros le point, la note de frais allait être soignée. Le vieux avait une chance insolente. S'il continuait tout l'après-midi, Malko partirait en caleçon.

— Ça fait quatre-vingt-deux fiches, dit Cunha. Je suis ennuyé, mais il va falloir qu'on arrête. Du moins pour l'instant. J'ai à faire, ajouta-t-il avec un gros clin d'œil.

Ça soulageait plutôt Malko. Il tira deux beaux billets de cent dollars et les posa sur la table. Si au moins Linda avait été là.

Cunha était déjà debout. Il escamota les billets dans son énorme main :

— Demain, même heure ?

Malko acquiesça sombrement. Il se faisait l'effet d'un citron que l'on presse lentement... Mais son cerveau fonctionnait bien. Les paroles de Ruth lui trottaient dans la tête. Il se hâta de prendre congé et fila jusqu'à sa voiture.

Alvaro Cunha sortit presque sur ses talons. Et il partit à grandes enjambées dans l'Avenida Pasteur. Malko le laissa prendre un peu d'avance et partit sur ses talons. Au bout de cinq cents mètres, le Brésilien tourna à gauche dans la Rua Urbano Santos. Il y avait là un quartier populaire et miséreux, à mi-chemin entre la favella et les quartiers normaux. Malko se dissimula facilement dans la foule.

Tout le monde semblait connaître le milliardaire, on le saluait et il répondait à grands coups de chapeau. Il s'arrêta même devant un marchand de limonade ambulant et but à un gobelet en carton.

Enfin, Malko le vit grimper le perron d'une petite maison en bois et frapper à une porte. Dissimulé sous l'auvent d'un marchand de chaussures, Malko observait parfaitement le perron. La porte s'ouvrit, et une espèce de Sophia Loren noir chocolat apparut. Elle était boudinée dans une robe de soie rouge et le contre-jour découpait ses formes opulentes. À côté de Malko, un jeune Brésilien soupira :

— *Que chouchou !*

Ce qui est le plus grand compliment qu'on puisse faire à une femme au Brésil.

Quelques lazzis fusèrent de la rue quand la belle Noire embrassa goulûment le milliardaire sur la bouche et rentra en dansant des hanches. Cela dut exciter Cunha car il accéléra le mouvement d'une énorme claque (qu'on entendit à l'autre bout de la rue), sur les fesses tendues de rouge.

Dépité par cette scène folklorique, en nage d'avoir marché un kilomètre sous le soleil pour rien, Malko s'assit à un petit bar et commanda un cafezhino. Décidément, le climat conservait. Le vieux Cunha ne devait pas avoir loin de soixante-dix ans. Pour contenter cette immense négresse il creusait sa tombe au bulldozer...

Le cafezhino était brûlant et délicieux, comme d'habitude.

Malko tira de sa poche un billet de cinquante cruzeiros et le posa sur la table. De l'intérieur, le garçon le vit. Mais il faisait chaud dehors et la perspective de mettre la main dans sa poche et de compter de la monnaie épuisait d'avance le Brésilien. Après tout, pourquoi se presser. Le client était bien assis et lui au frais.

Cela dura dix bonnes minutes. Au moment où Malko allait se décider à partir sans payer, un homme assis à une table voisine se leva, laissant un billet sur la table, traversa la rue, grimpa le perron et entra sans frapper dans l'appartement où avaient disparu le milliardaire et la belle Noire.

C'était certainement une erreur. Malko rit intérieurement en pensant à la tête de Cunha, surpris en pleins ébats... Un choc à attraper un infarctus.

Rien ne se passa. La porte resta close sur les trois personnes. Malko avait seulement aperçu le nouveau venu, mais avait eu le temps d'enregistrer la silhouette d'un homme assez âgé avec une serviette de cuir. Pas le genre partouzard pour un rond. Quelque chose ne collait pas.

Il se décida à appeler le garçon à la brésilienne, en faisant « psst », comme pour faire venir un petit chat. Le garçon accourut aussitôt, touché de cette marque d'assimilation.

À côté du café, et juste en face de la maison de bois, il y avait un immeuble de plusieurs étages

Malko y entra et prit l'ascenseur jusqu'au sixième. Puis il redescendit lentement, s'arrêtant à chaque palier pour se pencher à la fenêtre.

Au second, il trouva ce qu'il cherchait. L'ouverture donnait juste sur celle de la pièce où avaient disparu Cunha, la fille et l'inconnu.

Malko se pencha et jura à voix basse.

La fenêtre était ouverte. La Noire était assise sur un divan, les jambes haut croisées et lisait un magazine. Cunha était assis, de profil à une table et l'inconnu était en face de lui. Entre eux, des livres et des dossiers.

Cunha écrivit quelque chose sur une feuille et la tendit à l'inconnu. Celui-ci hocha la tête, griffonna quelque chose à son tour et le tendit au milliardaire. Malko comprit : ils communiquaient ainsi par écrit pour ne pas dire de choses trop compromettantes devant la fille. Il bouillait de rage. Ainsi, le vieux milliardaire était bel et bien en train de le doubler. Il l'endormait avec ses parties de gin pendant qu'il traitait avec d'autres. Frank avait raison.

Malko redescendit et recommanda un cafezhino. Il réfléchissait intensément. Le secret de tous les meurtres était probablement derrière cette porte. Les associés de l'homme à la serviette avaient évidemment intérêt à éliminer Malko.

Il eut le temps de reprendre deux autres cafezhinos avant que la porte ne se rouvrît. Il plongea aussitôt dans la salle du café. Mais Cunha ne se pressait pas. Il descendit les marches du perron en tenant la Noire par la taille. Sur le trottoir, elle se pendit à son cou et lui colla sur la bouche un baiser à faire fondre le goudron. Puis, d'une tape géante, Alvaro Cunha la propulsa jusqu'à sa porte. Le petit peuple de la rue regardait la scène avec attendrissement.

C'était vraiment un très bon alibi. Si les Brésiliens étaient moins flemmards, Malko ne se serait jamais douté de quelque chose.

L'inconnu sortit un quart d'heure après Cunha, sa serviette à la main. Il avait la peau sombre et portait des lunettes d'écaille.

Marchant rapidement, il partit vers l'Avenida Pasteur. Malko lui emboîta le pas. Mais au lieu de tourner vers la ville, l'inconnu tourna à gauche, vers la Praia Vermeha, puis dans un petit chemin à droite qui menait au Morro Babylonia. Malko arriva au tournant au moment où l'autre escaladait les premières pentes.

Impossible de suivre l'inconnu dans le Morro. Un Blanc s'y remarque autant qu'une tache de lait sur un chat noir.

À regret, Malko revint à sa voiture. Il était vexé que Frank ait eu raison.

Il fila jusqu'à l'ambassade. Le bureau de Frank était ouvert et l'Américain se rongeait rêveusement le petit doigt de la main gauche quand Malko entra. Il n'interrompit pas son carnage.

— J'ai du nouveau, dit Malko.

Quand il eut raconté ce qu'il avait vu, le petit doigt semblait avoir été dévoré par des fourmis rouges. Mais les yeux de Frank pétillaient.

— Je connais mieux le Brésil que vous, dit-il sentencieusement. Ce sont tous des singes vicieux. Et encore, le nôtre, il a pris un raccourci du cocotier à sa Cadillac. Avec vos idées, vous êtes bon pour le Peace Corps. Enfin, on s'en aperçoit à temps.

— Il faut coincer le type à la serviette, dit Malko. Par lui on remontera jusqu'à la tête.

Frank sourit méchamment.

— Pour ça, vous pouvez me faire confiance. C'est le vieux qui va faire une tête quand il va voir qu'on est branchés sur ses clients. Vous dites qu'il va chez la fille tous les jours ?

— Tous les jours, après la partie de ginrummy.

— Bon, on va lui préparer un bon comité d'accueil. Écoutez-moi.

En sortant de l'ambassade, Malko fila au yacht-club. Il y avait rendez-vous, pour déjeuner avec son cousin Kurt. Et il espérait aussi y rencontrer le jeune play-boy Bob Jaguari, à qui il avait un petit service à demander.

À l'entrée du yacht-club, on lui demanda s'il était membre. Heureusement, Kurt l'attendait près de la guérite du factionnaire. Il lui serra vigoureusement la main. Ils ne s'étaient pas revus depuis leur « champagne-partie ».

— C'est le seul endroit possible de Rio, expliqua Kurt. Tout ce qui compte dans la ville doit en être membre. Une femme qui choisirait ses amants en dehors d'ici serait définitivement mise à l'écart... Venez, je vais vous faire faire le tour du propriétaire.

Malko connaissait déjà les lieux mais il accepta poliment. Ce cousin tombé du ciel lui était profondément sympathique. C'était probablement un des rares êtres humains à pouvoir comprendre pourquoi il risquait sa vie à longueur d'année pour remettre les unes sur les autres quelques vieilles pierres. Malheureusement, il ne pouvait lui dire la vérité sur ses activités...

La piscine magnifique était déserte.

— Les gens ne sont pas sportifs, ici, expliqua Kurt. Ils viennent pour boire, papoter ou faire admirer leur nouvelle maîtresse.

Après un tour sur le pont, ils s'installèrent dehors, en face du bar, pour déjeuner. Kurt commanda deux vodkas et un repas léger : des avocats et de la viande grillée.

L'ambiance était presque celle d'un club anglais. Les rares femmes étaient très bien habillées et les hommes tous vêtus de sombre.

— Comment vont vos affaires ? interrogea Kurt lorsque le garçon eut apporté deux avocats gros comme des melons.

— Lentement, répondit Malko poliment. Kurt ne lui avait posé aucune question mais il lui avait laissé entendre qu'il était au Brésil pour régler des questions commerciales entre les USA et des firmes brésiliennes.

— Si je peux vous aider…, proposa Kurt.

Malko secoua la tête.

— Malheureusement, je ne crois pas. À propos, vous connaissez un certain Alvaro Cunha ?

— Bien sûr, c'est un des plus gros clients de ma banque. Je sais qu'il est très malade mais qu'il possède une fortune immense, gagnée par d'étranges moyens, comme presque toujours ici. Notre vieux proverbe autrichien : « Bonne renommée vaut mieux que ceinture dorée », n'a pas cours au Brésil. Vous êtes en affaire avec lui ?

— Pas exactement, répondit Malko. Mais je l'ai rencontré et il m'a intrigué.

— Sa fille vient assez souvent ici, remarqua Kurt. Elle est ravissante mais possède un goût très net pour les jeunes voyous.

Malko ne tiqua pas. Kurt ignorait son aventure. Mais il préféra changer de conversation.

— Toujours pas de projets de mariage ?

Kurt von Falkenhausen leva les yeux au ciel.

— Mon cher, pour cela il faudrait que je revienne en Europe chercher une fiancée. Peut-être l'année prochaine. Je corresponds parfois avec une cousine suffisamment éloignée pour que nous ne risquions pas d'avoir des monstres…

Un voile passa sur son visage.

— Parlons plutôt de votre château, enchaîna-t-il gaiement. Dites-moi quand vous irez l'habiter. C'est vous qui devez vous marier, puisque vous avez un écrin pour votre future famille...

En dépit du soleil brûlant et de la chaleur de la vodka, Malko se sentit glacé d'un coup. Il venait de penser à Christina, la belle Indienne qu'il avait connue au Mexique et qui n'était plus qu'un tas de cendres dans la forêt tropicale. C'est cette femme qu'il aurait aimé épouser. En dépit de son sang indien, elle avait autant de noblesse que si ses aïeux avaient remonté aux croisades. Et il ne pouvait quand même pas avouer à son cousin qu'il avait été obligé de tuer d'une façon horrible la seule femme qu'il eût jamais aimée[1].

En attendant les cafezhinos, Malko griffonna sur la nappe pour Kurt, le plan de sa future bibliothèque. L'imagination emballée, Kurt suivait les explications de Malko avec une joie d'enfant.

— Ah! soupira-t-il, si vous saviez ce que je donnerais pour avoir un peu de neige à Noël. Et comme je vous envie d'avoir pu conserver cette magnifique demeure historique...

Tout de suite après le café, Kurt prit congé. Il avait rendez-vous à son bureau avec des étrangers. Sous prétexte que Malko n'était pas membre du club, il paya leurs déjeuners. Malko le laissa partir après une chaude poignée de main. Il avait aperçu

---

1. Voir *SAS N° 3 Opération Apocalypse*.

Bob Jaguari déjeunant en tête à tête avec une ravissante Noire et tenait à lui parler.

En attendant, il fit lentement le tour du port. Tous les bateaux étaient impeccablement entretenus par des marins brésiliens payés à l'année par le yacht-club. C'est Bob Jaguari qui vint lui taper sur l'épaule :

— Alors, mon cher Vice-Consul, que devenez-vous ? Je vous avais pourtant dit de venir essayer mes nouveaux modèles ou même de participer à une partie de pêche sur mon bateau…

— Justement, répondit Malko un peu froidement. C'est une chose qui m'intéresserait…

Bob lui donna une vigoureuse tape sur l'épaule.

— Formidable ! Demain c'est samedi, je vous emmène à Itamaratsu. C'est un des plus beaux coins du Brésil. Et maintenant, venez prendre le café avec nous.

Il entraîna Malko jusqu'à la table et le présenta à sa compagne, du plus beau noir. Malko s'inclina et lui baisa la main. De saisissement, elle manqua renverser son café. Bob ne l'avait pas accoutumée à de telles gâteries.

La conversation roula sur la pêche au requin. Puis la jeune femme, qui s'appelait Vanja, se leva et repartit à son bureau. Bob ne semblait pas avoir d'occupation urgente. À travers ses lunettes, Malko le détaillait. On ne peut pas dire qu'il lui inspirât une sympathie délirante. Il y avait un mélange de physique cauteleux et de regard-franc-qui-ne-sait-pas-mentir assez intolérable. Plus le côté muscle à gogo et tombeur de dames. Le garçon à faire une entaille dans le bois de son lit chaque fois qu'il avait une nouvelle conquête...

— J'ai besoin d'un petit service, attaqua Malko dès qu'ils furent seuls.

L'œil de Bob brilla :

— Une pépée ?

Malko parvint à dissimuler son antipathie sous un sourire grinçant :

— C'est un peu cela. Vous connaissez Linda Cunha ? Je l'ai rencontrée et je la trouve assez sensationnelle. J'ai pensé que peut-être une promenade tous ensemble...

Bob sourit, très suffisant :

— Pas de problème. Elle me mange dans la main. Seulement, il y aura son Jules, l'Allemand ; il ne la quitte pas d'une semelle pendant les week-ends.

— Cela ne fait rien, assura Malko.

— Alors, rendez-vous demain ici à dix heures, proposa Bob. Nous irons pêcher dans la baie et vous, vous attaquerez la belle Linda...

Malko s'empressa de filer. Il n'avait rien trouvé de mieux pour s'assurer si Alex portait oui ou non l'infamant tatouage. Il se demandait ce que Bob lui demanderait un jour en contrepartie de ce service. Il devait avoir couché avec Linda pour être aussi sûr de son accord. À moins qu'il ne se soit vanté.

C'était l'heure de la partie de gin. Encore deux ou trois jours de patience. Le lendemain le fixerait déjà sur un point important.

À dix heures du matin, le yacht-club était presque désert. Les Brésiliens ne sont pas matinaux. Cette fois, le gardien avait laissé passer Malko avec un grand sourire. Volontairement, il était arrivé très tôt pour être certain de la présence des autres. Dissimulé sous les ombrages de la piscine, il assista d'abord à l'arrivée de Bob, accompagné de sa négresse, puis de Linda et Alex, dans une Volkswagen verte. La jeune femme portait un short si court que les serveurs les mieux stylés se retournaient sur son passage.

Lorsqu'ils furent à bord, Malko surgit, très détendu. D'un bond, il franchit la passerelle et retomba près de Linda.

Apparemment, Bob avait oublié de la prévenir. Elle eut un geste de surprise, qui se mua immédiatement en sourire.

— Quelle bonne surprise ! fit-elle. Ainsi vous êtes des nôtres. Vous connaissez déjà Alex, je crois...

Alex semblait moins enchanté. Il tendit sa main sèche à Malko et disparut dans le cockpit. Bob largua les amarres et mit les deux moteurs en route. Doucement, ils sortirent du petit port et longèrent le Pain de Sucre. En face d'eux, il y avait un fort en ciment appartenant à la marine brésilienne qui avait tout de la base futuriste. La mer était belle et le soleil chauffait déjà très fort.

Lorsque les femmes se furent déshabillées, Malko se mit en maillot à son tour. Quand il ressortit de la cabine, il vit qu'Alex von Ritersdorf, assis sur les coussins de l'arrière, avait toujours son pantalon de toile bleue et sa chemise à manches courtes. Leurs regards se croisèrent mais l'Allemand détourna les yeux.

Le bateau filait dans la baie. Déjà on avait une vue d'ensemble de la ville étalée le long de la côte, avec ses gratte-ciel et la ligne déchiquetée des montagnes, derrière. Le Corcovado se détachait sur le ciel bleu, comme un signe tragique dominant la ville.

Bob avait armé deux cannes pour pêcher à la traîne. Alex en prit une et Linda l'autre. Étendu sur le toit de la cabine, Malko ne quittait pas l'Allemand des yeux. Mais le fiancé de Linda avait le regard fixé sur l'eau verte…

Après une heure de ce manège, l'arrière du bateau s'était rempli de « sardinas » de la taille d'un petit saumon, Malko avait de nouveau un coup de soleil et Alex ne s'était pas déshabillé. Bob vint involontairement à la rescousse.

— Si on se baignait ? proposa-t-il. Après, on déjeune !

D'autorité, il coupa les moteurs. Le chriscraft continua un moment sur son erre puis s'arrêta doucement. La mer clapotait contre la coque et on voyait le fond de sable à plus de dix mètres. Vérifiant d'un coup d'œil que Linda et Vanja le regardaient, Bob se dressa sur son siège et plongea impeccablement.

Linda posa sa ligne et l'imita gracieusement, après un grand sourire à Malko.

Ce dernier commençait à cuire sur son toit brûlant. Devant lui, le profil de l'Allemand semblait le narguer. À la fois aigus et mous, les traits recouvraient une peau sèche et parcheminée comme celle d'un serpent, les lèvres étaient minces comme une lame de couteau.

Sous le regard de Malko, il se tourna imperceptiblement pour que son voisin ne voie plus que sa nuque. Aussi Malko décida-t-il de prendre le taureau par les cornes.

— Alex, cria-t-il en allemand, vous ne vous baignez pas ?

Alex von Ritersdorf ne broncha pas mais tourna vers Malko des yeux de poisson mort.

— Merci, fit-il d'une voix atone en anglais, je n'aime ni l'eau ni le soleil. Je ne viens que pour accompagner Linda. Mais baignez-vous, vous-même... je vous en prie.

C'était presque un ordre.

Dépité, Malko plongea à son tour. Lorsqu'il remonta, Linda lui ébouriffa les cheveux.

Ils étaient assez loin du bateau pour pouvoir se parler.

— C'est un ours, hein, mon Alex, dit-elle gaiement. Il est toujours ainsi avec les gens qu'il ne connaît pas bien.

Malko avait envie de lui dire qu'ils se connaissaient pourtant très bien...

— On dirait que vous m'en voulez, continua la jeune femme en nageant doucement autour de Malko. Vous croyez toujours que j'ai voulu vous assassiner...

— Non, fit Malko. Mais je crois que votre père se moque de moi.

Il se laissa aller en arrière dans l'eau tiède pour faire la planche. Quelle chose merveilleuse que cette mer chaude. Linda crawla gracieusement pour le rejoindre et posa une main fraîche sur sa joue.

— Papa ne se moque pas de vous, murmura Linda. Il ne *peut* pas signer pour l'instant, mais vous n'avez rien à craindre... Je vous en donne ma parole.

Elle semblait tellement sincère que Malko se redressa dans l'eau. C'est la première fois qu'elle parlait de ça.

— Enfin, dit-il, son secrétaire ne s'est pas suicidé, je n'ai pas rêvé qu'on tirait sur moi, mon double a bien été abattu devant sa porte, et j'en passe...

Linda battit l'eau de ses longues mains.

— Ayez confiance, répéta-t-elle. Mon père n'a qu'une parole. Il a déjà refusé d'autres propositions. S'il avait voulu vous tromper cela serait déjà fait.

Malko n'eut pas le temps de répondre. Bob les rejoignait d'un crawl puissant.

— Alors les amoureux, je vous ai bien arrangé votre coup, hein ? dit-il à voix basse.

La jeune femme le foudroya du regard. Par moments, elle devait regretter ses débordements sans discernement. Elle s'éloigna sans répondre, vers le bateau.

— Alex ne se baigne jamais ? demanda Malko au play-boy.

— Oh si. Je ne sais pas ce qu'il a aujourd'hui, répondit Bob. Il a peut-être trompé Linda avec une tigresse qui lui a labouré le dos et veut éviter une scène...

— Ça doit être ça, conclut Malko.

À moins que le Obersturmbahnführer Alex ait eu d'autres marques à dissimuler, un peu moins innocentes...

Tout en réfléchissant, Malko nagea vers le bateau. Il ne pouvait quand même pas jeter Alex à l'eau pour le forcer à se déshabiller.

Linda lui tendit la main pour l'aider à remonter. Vanja avait préparé une grosse féjouade pendant qu'ils se baignaient. Personne ne parla pendant un moment, la bouche pleine de haricots rouges et de saucisses piquantes. Bob avait un peut vin brésilien, lourd à souhait. Entre la féjouade et le balancement du bateau, Malko commençait à s'endormir. Une fois de plus, il n'avançait pas.

Après le repas, Bob partit à la dérive sur un matelas pneumatique et les autres se répartirent sur les couchettes. Alex et Linda s'endormirent dans les bras l'un de l'autre. Touchant. Près du bateau, de grosses raies sautaient de temps en temps, dans un énorme clapotis.

Malko s'endormit sur la vision d'un grand urubu planant lentement au-dessus de l'île voisine.

La fraîcheur réveilla tout le monde. La mer commençait à clapoter. Le vent se levait.

— Il faut rentrer, dit Bob, sinon, on va être secoués. Ici, ça change vite.

Aidé de Vanja, il remonta l'ancre, et mit en marche. De gros nuages noirs accouraient de la côte. Bob distribua des chandails. Il était temps. Malko grelottait. Il fallait abandonner tout espoir de voir Alex faire son strip-tease.

Après être passés devant un grand journal lumineux à flanc de rocher, ils arrivèrent au petit port en même temps qu'une douzaine d'autres bateaux, chassés par le mauvais temps. Deux marins accoururent pour s'occuper du chriscraft et de la pêche.

Malko sauta le premier à terre. Après avoir remercié Bob et baisé la main de Linda qui serra la sienne un peu plus qu'il n'était nécessaire, il fila vers sa voiture. Une journée perdue. Bien sûr, il avait de sérieuses présomptions contre Alex, mais il aurait donné cher pour voir lui-même le fameux tatouage. Ainsi, la doctoresse ne serait pas morte pour rien.

CHAPITRE VIII

— Big gin !

Les yeux d'Alvaro Cunha pétillaient de joie. Il étala son jeu : quatre dames, sept, huit, neuf de cœur et as, deux, trois et quatre de pique.

Écœuré, Malko jeta ses cartes. Il avait bien trente points en main. Encore un après-midi qui allait coûter une fortune à la CIA.

Sur un signe de leur maître, les deux nègres-fumeurs tirèrent comme des damnés sur leur pipe et enveloppèrent le vieux milliardaire d'un nuage de fumée bleue. Alvaro Cunha fit craquer son fauteuil en se rejetant en arrière.

— Quel dommage que j'aie cette saloperie de maladie, grommela-t-il. Je fumerais bien moi-même un bon cigare après un coup comme ça.

— Ça vous fera cent quatre-vingt-six dollars, dit Malko avec nostalgie.

Il faisait toujours les comptes. Cela ennuyait le milliardaire.

— Dites-moi, reprit-il, quand allons-nous passer aux choses sérieuses ?

L'autre fit l'idiot.

— Vous croyez que ce n'est pas sérieux de gagner cent quatre-vingt-six dollars ! Avec ça, je paie tout mon personnel pendant un mois.

Malko sentait la moutarde lui monter au nez. Il regarda le pointillé qui soulignait le cou du vieux. Dommage que ce ne soit qu'un pointillé...

— Écoutez, monsieur Cunha, dit-il, je ne suis pas venu au Brésil pour jouer au gin avec vous. Et vous le savez très bien. Nous devons discuter un contrat important. Qu'attendons-nous pour le faire ?

Le milliardaire éclata de rire et posa une de ses énormes pattes sur les mains de Malko.

— Vous avez déjà la *saudade* de l'Amérique. Je vous ai dit qu'il n'y avait rien à discuter. Je suis d'accord. Mais avant de prendre une décision aussi importante, je voulais réfléchir et aussi vous connaître. Je n'aime pas traiter des affaires avec des gens que je ne connais pas.

— Et alors, vous avez réfléchi ?

Le ton de Malko était excédé.

— Oui.

Il regarda Malko d'un air de ruse amusée.

— Tenez, je vais vous prouver ma bonne foi. Nous signerons quand vous voudrez. Dès que vous m'aurez battu une fois au gin.

Malko le regarda un peu ébahi :

— C'est une plaisanterie ?

— Mais pas du tout. C'est une très grande satisfaction de jouer avec vous. À mon âge, je n'ai plus beaucoup de joies. Comme cela je prolonge le plaisir.

— Et si je n'arrive pas à gagner ?

— Vous êtes un homme intelligent. Vous gagnerez. J'ai de la chance en ce moment, c'est tout.

— C'est une proposition étrange, dit lentement Malko.

Il mourait d'envie de lui parler de l'homme à la serviette. De lui mettre le nez dans son mensonge. L'autre ne lui en laissa pas le temps.

— Je vous aime beaucoup, dit Cunha. J'aurai la *saudade* de vous voir partir. C'est pour cela que je tiens à vous retenir le plus longtemps possible...

Un vrai Premier Prix de Conservatoire. Entre le cocotier et la Cadillac, il avait dû suivre des cours à l'Actor's Studio.

— Bon, il faut que j'aille à mon petit rendez-vous, conclut Alvaro Cunha avec un clin d'œil grivois. Pendant que je peux encore profiter des femmes...

Malko lui serra la main et partit rapidement. Le capanga silencieux l'accompagna à la porte. Malko mourait d'envie de lui jeter une cacahuète, pour voir s'il la ramasserait.

Il avait volontairement laissé sa voiture assez loin. Frank était déjà sur place, pour leur éviter d'arriver ensemble. Le petit café était presque désert. Tout de suite, Malko repéra l'homme à la serviette. Il buvait un cafezhino en lisant *O Globo*.

Une lourde serviette était posée à ses pieds. Malko chercha Frank des yeux. Personne.

Passant devant le café, il entra dans l'immeuble qui surplombait la maison de la Noire. Au second étage, il se heurta à deux, électriciens, en bleu de travail, avec leur boîte à outils sur le dos. L'un des deux était Frank, l'autre un Brésilien à la mine peu rassurante.

L'Américain ouvrit sa boîte. À l'intérieur, il y avait une mitraillette mexicaine Mendoza, démontée en deux morceaux.

— On néglige les pays sous-développés, dit l'Américain. Les types qui ont conçu cette petite merveille sont des Mexicains.

À côté, il y avait une paire de jumelles et un énorme rouleau de large sparadrap.

— De quoi le transformer en momie, souligna Frank. Nous, on planque ici. Vous restez en bas. Dès que notre gars sortira, vous le suivrez et vous l'abordez, en bon touriste perdu. Ça nous donnera le temps d'arriver. Là, on l'embarque.

— Et s'il se défend ?

Frank tapota la boîte.

— Il y a un silencieux long comme ça. Mais on n'en aura pas besoin. Dites donc, quel idiot, ce Cunha. Vous avez vu la fille ?

Malko se pencha à la fenêtre. En slip et soutien-gorge, la grande Noire allait et venait dans son appartement.

— Avec les jumelles, c'est pas mal, dit Frank.

Il en oubliait de se ronger les ongles.

Malko les laissa à leurs occupations. Une angoisse vague lui serrait l'estomac. Tout cela était à la fois trop facile et trop compliqué.

Il arriva en bas juste pour assister à l'arrivée de Cunha. La Noire avait mis un peignoir à fleurs pour lui ouvrir. Ils firent leur petite exhibition à l'intention des populations laborieuses qui n'avaient pas les moyens de se payer des putains à deux cents cruzeiros et disparurent. C'était sa façon à lui, Cunha, d'être social.

L'homme à la serviette les suivit dix minutes plus tard. Avec son air paisible il avait l'air d'un professeur. Comme quoi il ne faut pas se fier aux apparences.

Pendant un quart d'heure, il ne se passa rien. Plongé dans *O Globo*, Malko, lui aussi, s'efforçait de se fondre dans le petit bar. D'ailleurs, personne ne lui prêtait attention.

Brusquement, la porte de la maison d'en face s'ouvrit. L'homme à la serviette dégringola les marches du perron comme s'il avait eu un taureau à ses trousses et s'enfuit dans la rue. Il passa devant le bar et Malko vit la peur qui crispait ses traits. Au même instant un hurlement déchirant secoua la torpeur de la Rua Urbano Santos.

Sur le pas de sa porte, la putain noire hurlait comme si c'était la fin du monde.

Elle descendit les marches et courut se planter au milieu de la route. Son peignoir s'était ouvert et ses dessous ne cachaient pas grand-chose. Le premier automobiliste qui survint freina et descendit l'air gourmand.

Malko avait déjà jailli du bar. Tout cela puait la catastrophe.

Il se heurta à Frank, le visage fermé, suivi de son gorille.

— Je l'ai descendu, fit l'Américain.

— Quoi !

— Ce fumier était en train de signer sous mes yeux. Je l'ai vu à la jumelle. Alors je lui en ai collé une petite giclée avec la Mendoza. Assez pour qu'il n'ait plus jamais envie de signer quoi que ce soit, même pas son acte de décès.

Les gens commençaient à s'attrouper.

L'autre a filé, dit Malko. Mais les papiers sont restés à l'intérieur.

Frank jura.

— Faut y aller. Le type, on s'en fout.

La Noire hurlait toujours. Un petit groupe s'approcha prudemment de la maison. Frank fendit la foule. Il avait toujours sa salopette et sa boîte à outils. Malko demeura sur le trottoir. Ce meurtre le choquait. Même si Cunha avait tenté de les doubler ce n'était pas une raison suffisante pour l'assassiner. Mais il gardait ses réflexions pour plus tard. Après tout, il s'était déjà trompé une fois.

Il suivait Frank des yeux. Au moment où l'Américain allait grimper la première marche du perron, le hurlement d'une sirène vida la rue.

Une conduite intérieure noire surgit à toute vitesse et vint s'arrêter devant la maison de bois. La Noire se précipita sur les policiers militaires qui en sortaient.

Frank battit prudemment en retraite. Se mêlant à la foule il retraversa et rejoignit Malko.

— C'est foutu, gronda-t-il. Maintenant, il faut retrouver l'autre singe. De toute façon, ça va devenir malsain, ici.

Son gorille sur les talons, il partit à grands pas, suivi de Malko. Ils se retrouvèrent avenue Pasteur. Là, Malko lui expliqua la direction prise par l'inconnu, la veille.

— On va envoyer Galdino, fit Frank, lui on le remarquera pas.

Il donna rapidement le signalement de l'homme à Galdino qui fila aussitôt vers le Morro Babylonia. Malko retourna chercher la voiture. Ils s'y installèrent et attendirent. Frank rongeait ses ongles en silence avec rage.

Galdino revint une demi-heure plus tard : il avait retrouvé la piste de l'inconnu. Celui-ci habitait une petite cabane au flanc du Morro. Seul. Il y était en ce moment.

Malko regarda Frank, perplexe.

— C'est curieux, ça, une barbouze qui habite les favellas. Les fonctionnaires brésiliens sont mal payés, mais quand même…

L'Américain haussa les épaules.

— C'est une planque comme une autre. Allons chercher ce type. Nous n'avons pas beaucoup de temps.

En file indienne, ils montèrent le long du Morro. Les Noirs qui les croisaient les regardaient curieusement. Surtout Malko qui détonnait dans le paysage avec ses cheveux blonds.

Galdino les guida à travers un labyrinthe de sentiers et baraques en bois et en terre. Cela grouillait partout, dedans et dehors.

— Vous feriez mieux de ranger vos outils, dit Malko. Sinon on va se faire lyncher.

Ils s'arrêtèrent devant une cabane en bois avec une seule fenêtre, un peu à l'écart.

— C'est là, dit Galdino.

Malko frappa deux coups à la porte. Une grande négresse avec deux gosses dans les bras le regardait de ses yeux fixes et globuleux.

Les nerfs tendus comme des cordes à violon, Malko et Frank attendaient.

— Entrez, cria une voix de l'intérieur.

Frank et Malko se regardèrent. Ils s'attendaient à tout sauf à cela. Ce ne pouvait être qu'un piège. L'Américain réagit le premier. Ouvrant sa boîte, il y prit la Mendoza, l'entortilla rapidement dans sa veste et poussa la porte d'un coup de pied.

Malko s'engouffra derrière lui, sur ses gardes. C'était un coup à se faire truffer de plomb. Prudemment, le gorille brésilien était resté derrière.

La pièce était pauvrement meublée. Une lampe à pétrole était posée sur une table près de laquelle un homme était assis et les regardait calmement. Il avait les mains posées bien à plat et portait encore ses lunettes. Il ne bougea pas quand Frank dévoila la mitraillette. Il dit seulement en brésilien :

— Vous allez me tuer comme vous avez tué don Alvaro. Vous êtes des assassins. Mais je ne suis qu'un pauvre homme.

Frank abaissa sa mitraillette. La pièce ne pouvait receler aucun piège. À part l'armoire et le lit, quelques planches couvertes de livres sur le mur, il n'y avait aucune cachette possible.

— Pour qui travailles-tu ? aboya Frank.

Le regard de l'inconnu manifesta la plus totale incompréhension.

— Je vous demande pardon ?

Soudain Malko eut l'intuition d'un incroyable malentendu. Le regard droit et l'attitude calme de l'homme n'étaient pas ceux d'une barbouze.

Il s'assit sur la chaise en face de l'homme.

— Comment vous appelez-vous ? demanda-t-il.

— Hipolito da Costa.

— Que faisiez-vous avec Alvaro Cunha ?

Une lueur de mépris passa dans les yeux de l'homme.

— Rien qui puisse vous intéresser.

Frank poussa brutalement le canon de sa mitraillette vers le Brésilien.

— Laissez-moi m'occuper de lui, fit-il froidement. Il nous mène en bateau.

Malko l'écarta d'un geste de la main. Le mépris de l'homme le gênait. Il n'aimait pas avoir à rougir de lui-même.

— Quelle est votre profession ? demanda-t-il au Brésilien.

— Professeur.

Une onde glaciale parcourut l'épine dorsale de Malko.

— Christ ! Vous voulez dire que vous donniez des leçons à Alvaro Cunha ! Des leçons de quoi ?

Décontenancé, Hipolito da Costa ôta ses lunettes. Les yeux d'or de Malko ne quittaient pas les siens. Il céda à la pression invisible.

— Je lui apprenais à lire et un peu à écrire, murmura-t-il, mais c'était un secret.

Malko se pencha vers lui, presque suppliant.

— Expliquez-moi tout, je vous en prie. C'est très important. Nous ne vous voulons aucun mal ; tout cela est une épouvantable erreur.

Le Brésilien hésita puis se lança.

— Je connaissais le senhor Alvaro depuis longtemps. Un jour où j'allais être expulsé de la maison où je vivais, il m'a donné six mois de sursis parce que ma femme était malade. (Il s'arrêta.) Elle est morte depuis. Et je suis venu habiter ici. Je n'avais pas revu le senhor Alvaro jusqu'à il y a un mois. Un soir, il est venu me trouver ici. Il voulait que je lui donne des leçons pour apprendre à lire très vite et aussi à signer son nom.

« Il m'a expliqué qu'il avait gagné beaucoup d'argent mais qu'il n'avait jamais eu le temps d'aller à l'école. Ici au Brésil, cela ne faisait rien, mais il m'a dit qu'il allait faire des affaires avec des gens très importants qui venaient de loin et qu'il avait honte de signer d'une croix...

— Mon Dieu ! fit Malko.

Mué en statue, Frank ne disait rien.

Encouragé par l'attitude des deux hommes, le Brésilien tendit un doigt accusateur vers Frank :

— Vous l'avez tué au moment où il venait de réussir sa première belle signature. Comme un homme qui aurait beaucoup écrit, toute sa vie. C'est tout ce qu'il voulait savoir faire : une signature.

Des larmes perlèrent dans les yeux du professeur. Il murmura :

— Il ne l'a même pas admirée, sa signature. Il serait mort heureux, sans ça.

Il se leva brusquement et cria :

— Partez, partez. Je vous hais.

Tirant violemment un tiroir de la table, il sortit une liasse de billets et la brandit :

— Le senhor Alvaro m'avait donné beaucoup d'argent pour lui apprendre ma science. Je vais acheter des chandelles, des milliers de chandelles, et ce soir le Morro sera comme un soleil.

Sa voix se cassa.

— Et vous serez maudit !

Lentement, Malko et Frank reculèrent devant les imprécations du professeur. Celui-ci laissa retomber sa main et murmura :

— Il avait de si gros doigts, si peu agiles.

Dehors, Malko et Frank se regardèrent, gênés.

— Nous sommes dans un fichu pétrin, soupira Malko. Non seulement Alvaro Cunha est mort, mais nous savons maintenant qu'il ne nous trahissait pas...

Frank haussa les épaules.

— Vous auriez deviné, vous, qu'il rencontrait ce bonhomme pour apprendre à signer ?

— Eh oui, celui-là avait honte de son cocotier, mon cher Frank, dit lentement Malko. Ça lui a coûté sa peau et à nous beaucoup de soucis pour l'avenir.

Déjà l'Américain recommençait à calculer :

— D'abord, fit-il sèchement, il faut liquider le professeur.

Malko ne répondit pas.

Frank arma sa mitraillette et dit :

— Partez devant avec Galdino, je m'en occupe.

— Attendez, fit Malko. Je veux lui parler encore.

Il rentra vivement dans la cabane. Le professeur n'avait pas bougé. Malko se rassit en face de lui.

— Pourquoi Alvaro Cunha se cachait-il chez cette femme pour vous rencontrer ? demanda-t-il doucement.

— Il avait honte, répondit Hipolito da Costa. À cause de sa fille qui a été dans des collèges et des gens qui le savent puissant et riche. Et aussi, il passait pour un homme encore capable d'aller voir les femmes. Cela lui faisait plaisir. Mais vous savez qu'il était très malade...

— Je sais.

Il y eut un long moment de silence. Dehors, on entendait des enfants piailler et le son assourdi d'un favello qui s'entraînait au rythme de la samba. Il faisait très chaud dans la petite pièce. Malko s'épongea le front.

Depuis qu'il faisait ce métier, il ne s'était jamais trouvé dans une situation aussi pénible. En absolu, Frank avait raison. Le professeur devait mourir. On ne laisse pas derrière soi les témoins d'un meurtre, même si c'est une erreur. Mais Malko ne pouvait se résoudre à ce meurtre.

— Qu'allez-vous faire ?

Le Brésilien leva la tête sans comprendre.

— Vous allez nous dénoncer à la police ? précisa Malko.

Hipolito da Costa secoua la tête.

— Pour quoi faire ? Vous êtes des étrangers puissants et riches. Ce ne sont pas mes affaires. Si la police vient, je lui dirai ce que je sais mais je n'irai pas la chercher.

Sans répondre Malko fit le tour de la table et ouvrit la minuscule fenêtre qui donnait derrière la cabane. La vue était magnifique. Le Pain de Sucre à cinq cents mètres se découpait dans le ciel. Le téléphérique qui le relie à la terre passait devant le Morro Babylonia. Une petite cabine rouge avançait lentement le long des câbles d'acier.

La végétation commençait au pied de la fenêtre. D'énormes orchidées bleues, jaunes, rouges, amarantes s'épanouissaient au milieu des cocotiers et des lianes. Le Morro descendait en pente douce jusqu'à la mer. De ce côté-là, il n'y avait aucune habitation.

Malko se retourna brusquement vers le Brésilien.

— Sauvez-vous, dit-il. Partez par cette fenêtre et ne revenez jamais ici. C'est votre seule chance de ne pas mourir.

Le professeur se leva lentement. Il vit que Malko ne plaisantait pas. Il s'approcha de la fenêtre et l'enjamba. Avant de disparaître, il murmura.

— *Muito obligado, Senhor...*

En quelques enjambées, il fut dans la verdure, avalé par la forêt comme un moustique par une araignée. Malko soupira et eut un faible sourire qui se figea immédiatement : une silhouette sombre venait de plonger à la suite du professeur. Galdino, l'homme de main de Frank.

Malko plongea vers la porte comme un fou. Frank était impassible, debout près de l'entrée.

— Vous êtes complètement fou, dit-il froidement. Même si ce type n'avait pas l'intention de nous dénoncer, il a laissé tous ses papiers chez la fille qui le connaît certainement. Nous avons assez d'histoires sur le dos...

Il avait repris le sentier par lequel ils étaient arrivés. Malko marchait les poings serrés dans ses poches. Il dit lentement :

— Si un jour vous êtes seul en train de mourir, le souvenir de cet homme pèsera très lourd...

Frank lui jeta un regard glacial :

— Je ne crois pas. J'ai choisi un métier et un camp. Nous sommes en guerre. Ce type-là, c'est comme s'il était victime d'un bombardement... C'est pas de sa faute. C'est la vie.

— Vous ne croyez pas que son meurtre, après celui de Cunha, ça va mettre la police sur les dents ? demanda aigrement Malko.

L'Américain eut un petit rire sans joie.

— Qui parle de meurtre ? Galdino n'est pas un imbécile. Au pied du Morro, il y a la mer. Tout le monde peut glisser. Et vous savez bien que la baie de Rio fourmille de requins, de raies et d'autres bestioles affamées.

Le soir tombait. Une odeur douceâtre venant de la forêt remplissait l'atmosphère. L'air était tiède. D'une case arriva le gloussement énervé d'une Noire qui faisait l'amour. Le Morro commençait à revivre avec la fraîcheur du soir.

Les deux hommes arrivèrent dans l'avenue Pasteur. Ils ne s'étaient plus dit un mot. Malko rompit le silence :

— Maintenant que Cunha est mort, avec qui allons-nous traiter ?

Frank le regarda ironiquement :

— Pourquoi « nous » ? C'est « vous » qui êtes au mieux avec la riche héritière, la belle Linda. Épousez-la, mon vieux. Ça résoudra le problème.

— Vous oubliez qu'elle est fiancée...

— Bah... Elle n'en est pas à ça près.

Frank s'arrêta au coin de la rue Urbano Santo.

— Ma voiture est là-bas, dit-il. On se retrouve à l'ambassade ?

— D'accord, répondit froidement Malko.

Il partit vers sa Chevrolet, le cerveau en ébullition. La manie du vieux milliardaire n'expliquait pas tout. D'autres personnes étaient mêlées à l'histoire et allaient peut-être se manifester à leur tour.

Il ouvrit la portière de la Chevrolet et eut aussitôt l'impression d'être saisi par les mâchoires d'acier d'une benne géante et attiré à l'intérieur. Il se heurta au visage de pierre du capanga d'Alvaro Cunha, assis sur la banquette avant. Sans effort, le Noir l'immobilisa. De l'arrière, arriva une voix cinglante :

— Tiens-le encore un peu, ce chien.

Malko eut le temps de tourner la tête et de reconnaître Linda, son beau visage déformé par la haine.

Puis elle leva le bras et un objet lourd le frappa au-dessus de l'oreille. Il vit la cabine rouge du téléphérique et la forêt verte du Morro et glissa dans l'inconscient.

CHAPITRE IX

Malko ouvrit les yeux et les referma immédiatement. Le soleil l'avait ébloui et mille étoiles invisibles dansaient devant ses pupilles. Une douleur lancinante lui pinçait le crâne et il mit plusieurs secondes à réaliser où il était. Après la brûlure sur ses yeux, la seconde sensation qu'il ressentit fut un froid glacial dans les jambes.

Cette fois, il ouvrit les yeux pour de bon, et prit conscience de la situation.

Il était attaché. Les bras ligotés derrière le dos. Une corde lui serrait le cou – un nœud coulant – et partait au-dessus de sa tête. Lui-même était recroquevillé sur une sorte d'estrade de bois recouverte de pains de glace. Il se trouvait dans le jardin de la villa d'Alvaro Cunha. Il ouvrit la bouche pour appeler quand il reçut un seau d'eau dans la figure.

Le capanga d'Alvaro lui souriait de toutes ses dents en or. Lorsqu'il vit que Malko avait repris connaissance, il saisit une corde qui pendait près de lui et se mit à tirer. Malko se sentit hissé par le cou.

Il se mit debout, glissa sur la glace et se rattrapa de justesse. L'homme éclata d'un gros rire et tira encore sur la corde. Malko fut obligé de se mettre presque sur la pointe des pieds. Le nœud qui enserrait son cou était passé dans une poulie accrochée à un arbre, gibet improvisé. S'il perdait l'équilibre sur ses barres de glace, il se pendait lui-même !

En tâtonnant, il chercha une position d'équilibre et ne bougea plus. Tout son corps lui faisait mal et la tête lui tournait. Une idée surnageait pourtant : s'il glissait, c'était la mort immédiate.

Il n'eut pas le temps de creuser cette idée : une voix connue lui fit baisser la tête.

— Malko, disait Linda, vous n'avez plus beaucoup de temps à vivre. Le soleil va se lever et chauffer. Il va faire très beau aujourd'hui et la glace va fondre très vite. Je ne pense pas que vous viviez au-delà de dix heures…

La voix était sèche et atone. Rien de commun avec la femme qui avait pleuré sur son épaule au *Zum-Zum*. Il la regarda. Ses traits étaient creusés par la fatigue, elle n'était pas coiffée, et, pieds nus, elle ressemblait à une des innombrables pauvresses de Rio. Mais son visage était impitoyable et les yeux levés vers Malko étaient pleins d'une haine animale.

— Pourquoi voulez-vous me tuer, Linda ? demanda Malko.

— Pourquoi ?

Elle tapa du pied sur la pierre.

— Il a tué mon père et il demande pourquoi ! Je sais tout, on m'a raconté comment vous aviez assassiné mon pauvre père et son professeur. Si je vous avais livré aux gens de la rue, ils vous auraient fait cuire à petit feu. Estimez-vous heureux d'avoir une mort douce. Je devrais vous brûler vif.

Elle cracha dans sa direction. Encouragé, le capanga caressa la jambe de Malko avec une longue machette. Le pantalon se fendit comme une feuille de papier et Malko sentit une brûlure sur son mollet.

— Laisse-le, ordonna Linda. Il va souffrir tout à l'heure quand il va sentir la glace se dérober sous ses pieds.

Elle fit demi-tour et s'éloigna. Malko comprit que s'il la laissait partir, il était perdu. De toute sa voix, il appela :

— Linda !

Elle continua à marcher. Elle était à dix mètres de la porte. Il appela encore :

— Linda. Je n'ai pas tué votre père.

Elle s'arrêta pour crier :

— Menteur ! Menteur et lâche.

— Ma parole sur la tête de mes ancêtres, dit Malko aussi calmement qu'il le put. Que je meure immédiatement si je mens...

Linda revint lentement sur ses pas :

— Quel piège essayez-vous encore de me tendre ? siffla-t-elle. Parlez vite si vous avez quelque chose à dire.

— Il y a quelqu'un qui sait que je n'ai pas tué votre père, dit Malko très vite. Hipolito da Costa. Peut-être est-il encore vivant. Il vous le dira.

Elle hésitait. Malko chercha son regard. Il le rencontra enfin et plongea ses yeux d'or dans les siens. Elle faiblit et il dit le plus doucement qu'il put :

— Je dis la vérité, Linda.

Il y eut une interminable pause de silence. Le capanga ne comprenait rien. Linda dit alors lentement :

— Je vous donne une dernière chance. Je vais envoyer chercher Hipolito. Si on le trouve et qu'il confirme ce que vous dites, vous ne mourrez pas. Sinon, je ne lèverai pas le petit doigt pour vous sauver.

Elle donna des instructions au capanga. Il devait retrouver Hipolito. Puis elle partit sans un regard pour Malko.

Il resta seul, en équilibre sur ses barres de glace. C'était une situation de cauchemar : être pendu et torturé en plein Rio, sans aucun espoir de secours. Si Hipolito était mort, il était perdu. Sous ses pieds, il sentait déjà la glace devenir humide avec les premiers rayons du soleil.

Quand il s'aperçut que la barre sur laquelle il appuyait son pied gauche glissait lentement, minée par le soleil, il jura tout bas. Avec d'infinies précautions, il ramena le pied vers l'autre barre. Si la première glissait trop violemment, elle risquait d'entraîner les trois autres...

La cour était vide et le soleil chauffait de plus en plus. Maintenant, la glace dégoulinait jusqu'au sol. Sous ses talons, il la sentait se craqueler et devenir friable. Si Hipolito n'arrivait pas très vite, ce serait trop tard. Déjà il n'avait plus que cinq ou six centimètres de marge. Il ne sentait même pas le froid qui montait dans ses jambes. Il y avait encore un danger idiot : s'il éternuait, la secousse risquait de le faire glisser. Les mains ligotées derrière le dos, il n'avait rien pour se rattraper. C'était vraiment un supplice diabolique.

La journée allait être magnifique. Il pensa avec ironie à Kurt qui réclamait de la neige et des sapins... Frank devait le chercher, mais avant qu'il obtienne le droit de perquisitionner chez Cunha, la glace aurait fondu.

Soudain, il fut pris de panique. Sa jambe droite était paralysée par une crampe. Il ne la sentait plus. Sa vie reposait sur son pied gauche posé entre deux barres dont l'une glissait lentement. Déjà, autour de son cou, la corde était un peu plus serrée. Il retenait même sa respiration. Le soleil chauffait son visage et il pensait avec terreur à l'effet produit sur la glace. D'ici une demi-heure il serait mort...

De toutes ses forces, Malko essaya de détacher ses pensées de ce qui l'attendait. Il se mit à compter les fleurs, du jardin, à les regarder de tous ses yeux. « Mon Dieu, fit-il silencieusement, donnez-moi du courage ! »

Le jardin restait désespérément vide. Les fenêtres étaient fermées. De toute façon, cela n'aurait servi à rien d'appeler.

À ce moment, la porte donnant sur la cour intérieure s'ouvrit et le capanga entra. Il portait un corps inanimé sur son épaule qu'il posa brutalement sur le sol. Puis il disparut. Le corps était celui d'Hipolito et il paraissait mort. Or, c'était le seul qui puisse fléchir Linda...

Et la glace fondait. Malko tenta de réveiller sa jambe endormie par de petits mouvements. Sans résultat.

D'imperceptibles craquements lui parvenaient. Sa « banquise » s'effondrait sous lui...

— Senhor ! appela-t-il.

Le Brésilien ne se montra pas. La position de Malko devenait intolérable. Le nœud coulant qui lui serrait le cou était déjà tendu au maximum. Sa vie tenait à la pointe de son pied gauche. Tant que le soleil ne chaufferait pas plus. L'ironie de la situation lui arracha un ricanement : mourir sur une banquise en plein équateur... Ça ne pouvait arriver qu'à lui.

Tenant une bouteille à la main, le capanga réapparut. Il était suivi de Linda, toujours nu-pieds. Pendant que le tueur s'agenouillait près de l'homme inanimé, Linda s'approcha de Malko.

— Miguel a trouvé Hipolito. Il est presque mort. On lui a tiré plusieurs balles dans le corps avant de le jeter à l'eau. Des pêcheurs l'ont recueilli hier soir, avant qu'il ne se noie. Je ne sais même pas s'il pourra parler.

— Détachez-moi en attendant, sinon, ce ne sera pas la peine. Cette glace va s'effondrer sous moi d'une minute à l'autre...

Linda haussa les épaules :

— Tant pis. Ce sera le jugement de Dieu.

Elle se détourna pour retourner près d'Hipolito. Malko la regarda s'éloigner avec désespoir.

Il y eut un craquement sinistre. Son pied gauche s'enfonça jusqu'à la cheville dans le pain de glace. La corde de son cou se tendit brusquement. Une lueur rouge passa devant ses yeux. Il ouvrit la bouche pour aspirer un peu d'air, tout son corps tendu désespérément. Si la glace s'enfonçait encore de deux centimètres, c'était fini.

La glace se tassa mais ne bougea plus. Seulement, la corde étranglait lentement Malko, lui comprimant les carotides. Il aperçut dans un brouillard Linda se pencher sur Hipolito soutenu par Miguel.

Mais l'oxygène n'arrivait plus assez dans ses poumons. Il tenta d'appeler, eut une contorsion maladroite et son pied glissa. Une sorte de bien-être l'envahit brusquement et un voile noir lui masqua le soleil. Il eut le temps de penser que ce n'était pas aussi désagréable qu'on le disait de mourir pendu et s'évanouit. Son corps tournoya lentement à dix centimètres de la glace, agité de soubresauts.

Il rouvrit les yeux avec une affreuse envie de vomir. Le capanga était penché sur lui et lui versait de la *cacha* pure dans le gosier. Malko eut un hoquet, cracha, et se dressa sur son séant. Il se sentait cotonneux et faible. Son cou semblait avoir un mètre de diamètre. Devant ses yeux dansaient des taches multicolores. Il n'arrivait pas à croire qu'il était encore vivant. La voix de Linda lui parvint, très lointaine.

— Vous avez de la chance, Malko. Hipolito a parlé avant de mourir. Il m'a dit que vous aviez tenté de le sauver et que ce n'était pas vous qui aviez tué mon père. Celui qui l'a fait paiera. Vous êtes libre.

Il aurait voulu répondre, mais aucun son ne sortit de sa bouche. Il retomba en arrière, évanoui.

Lorsqu'il reprit connaissance, il était étendu sur un canapé, dans le salon où il avait joué au gin-rummy avec Cunha. Linda fumait une cigarette, assise dans un fauteuil, vêtue cette fois d'une robe de soie noire. Ses yeux étaient rouges et gonflés.

Malko s'assit lentement et se prit la tête dans les mains. Il revoyait la glace s'effritant et avait encore contre son cou le contact rugueux de la corde. Machinalement, il se frotta le cou.

— Pour vous, c'est fini, dit tristement Linda. Mais moi, j'ai perdu mon père.

— Ce n'est pas fini, répliqua Malko, tendu. Vous savez pourquoi je suis venu au Brésil. Tant que ce contrat n'est pas signé, ma mission n'est pas terminée.

Linda se leva d'un bond, les yeux flamboyants et écrasa sa cigarette :

— Moi vivante, jamais on ne signera ce contrat avec vos amis ou avec vous. Même si ce n'est pas votre main qui a tué mon père, ce sont les vôtres...

— Pourquoi nous a-t-il caché la vérité ? soupira Malko.

— Par pudeur. C'était un homme orgueilleux. Il ne voulait pas que votre ambassadeur raconte à tout Rio qu'il ne savait même pas écrire...

— Mais pourquoi ne pas me l'avoir dit ?

Elle secoua la tête avec entêtement :

— Je n'en avais pas le droit. Il fallait me croire. Je vous avais dit qu'il signerait...

Malko haussa tristement les épaules.

— Il n'a pas signé. C'est à vous maintenant de régler cette affaire. Qu'allez-vous faire ?

Un instant désemparée, elle répliqua sèchement :

— Dans quelques mois, je serai mariée. C'est mon mari qui réglera cette affaire. Avec n'importe qui, sauf avec vous.

Ainsi, la Chinoise avait raison. Alex von Ritersdorf les avait laissés tirer les marrons du feu pour lui.

— D'ailleurs, continuait Linda, j'ai convoqué le docteur Crandao qui est l'exécuteur testamentaire de mon père pour parler de ce problème. Maintenant, si vous vous sentez mieux, partez. Je voudrais être seule pour pleurer. Demain, j'enterre mon père. À cause de vous.

Sa voix se brisa. Malko se leva à grand-peine. Il alla jusqu'à elle et lui effleura la nuque, sous les cheveux noirs. Elle ne bougea pas plus qu'une morte. Alors, en titubant, il quitta le salon. Debout près de la porte d'entrée, le capanga veillait, une machette à la ceinture. Il ouvrit la porte à Malko, indifférent.

Malko respira une grande goulée d'air tiède. Il avait bien failli ne sortir de cette villa que mort. Sans le pauvre Hipolito, il se balancerait en ce moment à son gibet improvisé.

— Psst !

Il sursauta. On l'appelait d'une voiture. Son premier réflexe fut de plonger, puis il reconnut Frank au volant d'une Ford noire, arrêtée en face de la villa. Il traversa et le rejoignit. L'Américain avait le visage dur et tendu.

— On s'apprêtait à aller vous chercher, fit-il. À l'arrière, il y avait les deux gorilles que Malko avait déjà vus, dont Galdino, l'assassin d'Hipolito.

— Vous seriez arrivés un peu tard, dit Malko. Cette histoire a failli faire un mort de plus.

Tandis que Frank prenait le chemin de l'ambassade, il raconta brièvement ce qui s'était passé.

— C'est notre ami Alex qui est le grand bénéficiaire de l'opération, conclut-il.

— Pas pour longtemps, fit Frank, sinistre. Il en oubliait de se ronger les ongles.

Malko retrouvait avec ivresse Rio. Il remarqua, perdue au milieu des gratte-ciel, une minuscule et baroque maison de bois qu'il n'avait jamais remarquée. Sur le trottoir devant l'ambassade, des joueurs de *bafo* essayaient de gagner quelques cruzeiros.

Les deux hommes s'engouffrèrent dans un ascenseur ultra-rapide qui les mena au quatorzième étage chez le second conseiller. Malko se retrouvait une fois de plus dans l'univers glacial et inhumain des services secrets ; il aurait tant voulu recueillir un peu de la chaleur de la rue, après avoir été si près de la mort.

Larry Gallo les reçut immédiatement. Il écouta attentivement les récits de Malko et de Frank. Celui-ci conclut :

— Nous avons commis une erreur en abattant Alvaro Cunha et j'en porte la responsabilité. Mais le problème est de supprimer maintenant Alex von Ritersdorf. Et malheureusement Linda Cunha. Elle est désormais notre ennemie. En l'épousant, Ritersdorf va mettre la main sur le manganèse. C'est lui qui se trouve certainement derrière les tentatives d'élimination dont Malko a été victime et il travaille en liaison avec les nazis d'Europe qui lui ont envoyé le « double » de SAS.

Il y eut un long silence. Malko n'était pas entièrement d'accord avec Frank mais devait reconnaître que la première chose à faire était d'éliminer l'Allemand.

— Les héritiers Cunha disparus, conclut Frank, le manganèse sera géré par le docteur Crandao. Avec lui, nous parviendrons plus facilement à un accord.

La discussion dura près de deux heures. Lorsque Malko prit congé, la décision était prise. Il fallait liquider Alex von Ritersdorf et Linda Cunha. Sinon, le manganèse tomberait dans des mains inconnues.

Malko avait la nausée lorsqu'il sortit de l'ambassade. C'était à lui qu'avait échu la mission de supprimer Alex et Linda. Il monta dans la Ford et mit la radio à pleine force : la samba, c'est le meilleur lavage de cerveau. Mais, en roulant dans Rio, il savait déjà qu'il ne pourrait jamais tuer Linda.

CHAPITRE X

Le gros chriscraft filait à trente-cinq milles le long de la Barra de Tijuca. Il avait dépassé les petites îles désertes de la baie de Rio où les pêcheurs se font déposer du vendredi au dimanche, et fonçait sur Itamaratsu, à quatre-vingts milles au sud de Rio, un vrai morceau de paradis : quatre cent sept petites îles de sable fin couvertes de végétation tropicale, au milieu d'une baie quatre fois comme celle de Rio. Le yacht-club de Rio y avait installé une antenne avec un rudiment d'hôtel.

Malko, assis à l'arrière du bateau, tenait une grosse canne à pêche. Ce n'était pas la première fois de sa vie qu'il pêchait. D'habitude ce sport l'ennuyait profondément. Mais là, en dix minutes, il avait remonté trois gros poissons, en laissant simplement sa ligne à la traîne.

Au moins la pêche l'empêchait de penser à ce qu'il avait à faire. C'était la première fois dans sa carrière d'agent secret qu'il avait l'ordre de tuer froidement plusieurs personnes. Il avait beau se dire que c'était inévitable, que les intérêts en jeu étaient colossaux, il savait qu'il ne pourrait pas. Frank s'était occupé de la partie « technique ». Le marin qui entretenait le bateau de Bob Jaguari était tombé malade et des spécialistes de Frank l'avaient remplacé. Maintenant, c'était à Malko de jouer, parce qu'il était le seul à pouvoir approcher Linda.

Il regarda la côte avec ses montagnes découpées. Frank devait rouler en ce moment sur la route de Sao Paulo, pour rejoindre Itamaratsu.

— À quoi pensez-vous ? demanda Linda.

Assise à côté de lui, elle s'amusait à piquer avec un harpon un poisson qui bougeait encore. Moulée dans un paréo bleu elle était encore plus provocante que nue. Malko pensa qu'elle aurait pu aussi bien ne rien porter étant donné que les trois hommes présents sur le bateau la connaissaient très bien...

Depuis la mort de son père, elle s'était encore durcie. Après l'enterrement, Malko l'avait revue. Elle avait compris qu'il était sincèrement bouleversé. Plusieurs fois, ils avaient dîné en tête à tête, et étaient presque redevenus amis.

Il plongea ses yeux d'or dans son décolleté.

— Je pense que tu es belle, dit-il sincèrement. Quel dommage que tu te maries avec ce vautour...

Ce n'était pas dans le plan, mais Malko tenta une dernière fois de la faire revenir sur sa décision.

— Tu en es sûr ? demanda-t-il. Tu vas lui confier tes intérêts.

Elle fronça les sourcils.

— Ne recommencez pas. Alex est un type bien et vos amis ont assassiné mon père. Jamais je ne signerai avec eux. Jamais.

Au lieu de tutoyer Malko, elle employait le *vou* brésilien très doux.

Inutile d'insister.

Alex von Ritersdorf était étendu à l'avant et ne pouvait entendre ce qu'ils disaient. Quant à Bob, il se concentrait sur la conduite du bateau, tout en faisant des effets de muscles à l'intention de Linda.

Malko donna sa ligne à Linda et alla à l'avant. Alex, en dépit de la chaleur, avait gardé sa chemise... Malko eut envie de lui dire que ce n'était plus la peine. Mais à quoi bon ? Linda était trop butée. Pour elle, Alex était brésilien de cœur et d'âme. Même si le manganèse filait à Hong-kong et à Pékin.

— Nous arriverons pour déjeuner, dit Alex à Malko.

Drôle de pique-nique. Alex ne devait pas penser que Malko ait abandonné la partie mais sa présence sur le bateau le rassurait, au contraire. De toute façon, il ne craignait pas Malko. Personne ne pourrait faire changer Linda d'avis.

L'Allemand prenait sa revanche. Lui, le criminel de guerre recherché par tous les pays, allait dicter sa volonté aux Russes, aux Américains, aux Chinois et même à ceux de son propre pays qui l'avaient expatrié.

Bob, à ses commandes, ne pensait qu'à une chose : comment se débarrasser des deux autres pour emmener Linda sur une plage déserte, et il était sûr qu'elle ne dirait pas non. Mais, hélas, il n'était pas seul...

— Regardez ! cria Linda.

À cent mètres du bateau, une bande de dauphins jouaient dans l'eau et sautaient. Puis ils disparurent.

— Il doit y avoir des « petits barons », remarqua Linda.

— Qu'est-ce que c'est ? demanda Malko.

— C'est comme ça que nous appelons les requins, au Brésil, dit-elle.

Il y avait encore une heure de mer. Linda ouvrit une bouteille de *cacha* et en servit aux trois hommes. Le bateau roulait à peine et la mer était d'huile. Temps formidable pour le dernier week-end de mai.

Bob chercha la météo sur le gros poste et resta cinq minutes l'oreille collée au haut-parleur.

— Sensationnel, exulta-t-il. Pas un nuage jusqu'à lundi. À nous la belle vie.

Le ronron des moteurs berçait doucement. Malko somnolait, les nerfs aux aguets. Mais l'ambiance du bateau était paisible. Linda comptait les *anchovas* déjà pêchés.

— Sept, s'écria-t-elle. On va les faire frire.

La féjouade chauffait doucement sur un gros chaudron, au milieu du bateau. Linda y ajouta deux grandes cuillerées de *caruru*, sauce explosive aux vertus aphrodisiaques.

Ils croisèrent un autre bateau allant sur Rio. On échangea des coups de sirène.

Malko se pencha par-dessus bord. L'eau était si claire qu'on voyait le fond de sable, pourtant à près de dix mètres.

— Nous arrivons ! cria Bob.

Les premières îles d'Itamaratsu étaient en vue. Le chriscraft se faufila entre deux grosses îles couvertes de cocotiers. Une nuée d'oiseaux s'enfuit au bruit du moteur.

Bob diminua les gaz et commença à zigzaguer entre les îles. C'était un spectacle féérique. La mer n'avait pas une ride et, à perte de vue, on ne voyait que ces monticules de sable blanc couronnés d'arbres tropicaux.

— On devrait pêcher, dit Bob. C'est bourré de raies géantes, de requins, de barracudas et de marsouins, ici.

Il n'eut pas d'écho. Il faisait trop chaud même pour la pêche. Avec son côté « distraction à tout prix », Bob agaçait Malko.

Dépité, Bob choisit d'arrêter le bateau dans la crique d'une île en pente douce bordée d'une large bande de sable fin. Il y avait peut-être la même de l'autre côté... Encore plus tranquille.

Malko tenta d'apercevoir la côte. En vain. Les îles cachaient tout. Il pouvait être à deux cents mètres ou à dix kilomètres du bord.

Bob stoppa le moteur, après avoir jeté l'ancre. Il n'y eut plus que le froissement de l'eau contre la coque. Linda grimpa sur la cabine et piqua une tête dans l'eau, imitée par Bob. Malko était au supplice. S'il ne voulait pas mourir aussi, il fallait qu'il avoue aux autres qu'il avait pour mission de les assassiner. Dégoûté, il piqua lui aussi dans la mer. La fraîcheur de l'eau lui causa une sensation délicieuse.

Soudain, un ronronnement troubla le silence paradisiaque. Il devint plus fort. Puis un petit avion rouge surgit presque au ras de la mer, derrière l'île. Il remonta un peu en voyant le bateau et passa juste au-dessus. Le pilote fit un signe joyeux de la main et disparut vers la côte.

Malko le suivit pensivement des yeux. D'où sortait-il, celui-là ? Est-ce que Frank aurait pris une précaution supplémentaire ?

L'avion ne réapparut pas.

Linda remonta à bord et cria : « à table ».

Aussitôt, Bob d'un crawl puissant dépassa Malko et se hissa ruisselant près de la jeune femme. Alex tournait le dos et Malko vit Bob caresser rapidement la poitrine de Linda.

La féjouade était chaude. Malko reçut une assiettée énorme, avec des choux qu'il abhorrait. Mais les saucisses un peu piquantes étaient délicieuses. Quant à la sauce... On aurait pu creuser avec des trous dans la table. Linda buvait cela comme du petit lait.

Généreusement arrosée de *cacha*, la féjouade descendit très bien. Mais Malko commençait à se sentir plutôt lourd. Avec dégoût il aperçut le cadavre d'un urubu dérivant près du bateau. Ses congénères, pour une raison inconnue, n'y avaient pas touché...

La radio de bord déversait des sambas entrecoupées de l'universel *Buvez Coca-cola*. Étendue sur une des couchettes, Linda ronronnait comme une chatte. L'atmosphère était à la détente, et pourtant chacun poursuivait sa petite idée...

Bob proposa sans entrain :

— On fait un poker ?

Personne ne se donna la peine de répondre. Alors il annonça à la cantonade :

— Je vais pêcher.

Il faut croire que Linda ne dormait pas complètement. D'un ton alangui, elle demanda :

— Tu peux me pousser sur le matelas jusqu'à la plage. Ce bateau bouge trop, je n'arrive pas à dormir.

Elle n'avait pas fini sa phrase que Bob avait déjà pris le matelas. Il regardait Linda avec un drôle d'air. Les épices de la féjouade commençaient à faire leur effet.

Linda raccrocha son soutien-gorge et se laissa glisser sur le matelas. Bob en fit le tour, saisit la jeune femme aux hanches par-derrière, et posant sa tête au creux de ses reins, fit avancer le matelas par des battements de pieds. Malko suivait la scène, très intéressé. Ce départ ressemblait beaucoup à un embarquement pour Cythère... Il aurait parié mille dollars contre un *cent* que les mains de Bob étaient déjà en train de remonter beaucoup plus haut que les hanches... Il regarda vers Alex; l'Allemand ne semblait s'apercevoir de rien. Il fumait en regardant le ciel.

Négligemment, Malko alla s'étendre sur la plage arrière. Sa décision était prise : il ne réaliserait pas le plan de Frank. Il préférait plutôt abandonner son métier d'agent secret. Seulement il fallait récupérer ce que Frank avait fait dissimuler dans le moteur. Pour cela, Malko devait être seul à bord.

Ce que Malko avait prévu ne tarda pas. Bob plongea deux ou trois fois pour se faire un alibi puis vint s'allonger sur le sable à côté de Linda. Derrière ses lunettes noires Malko les observait. Jamais de sa vie il n'avait souhaité aussi ardemment que la vertu d'une femme succombe.

Dieu était autrichien ce jour-là...

Linda se leva et s'étira paresseusement. Bob fut sur ses pieds en un clin d'œil. Ils se concertèrent une seconde. Puis la jeune femme cria aux occupants du bateau :

— Nous allons faire le tour de l'île. À tout à l'heure.

Malko agita le bras et Alex ne réagit même pas. Bob et Linda disparurent très vite derrière des cocotiers, marchant sagement l'un à côté de l'autre.

Dix minutes s'écoulèrent. Malko bouillait. Ritersdorf n'avait pas bronché. Le manège de Bob ne prêtait pourtant pas à équivoque. La mer clapotait doucement contre le bateau, la chaleur était de plus en plus accablante et l'Allemand somnolait, la bouche ouverte. Malko ne pouvait quand même pas lui dire : « Bob est en train de b... votre femme sous votre nez... » Ce sont des choses qui ne se font pas entre gens du monde...

Et qui sait s'il aurait encore une occasion pareille ?

Il était presque décidé à secouer Alex lorsque le miracle survint : de l'île jaillit un cri qui se termina en feulement sourd. Linda n'avait pas pu retenir son tempérament volcanique...

Alex ouvrit les yeux mais ne dit rien. Malko regardait ailleurs. C'était maintenant ou jamais. Pourvu que les deux autres ne reviennent pas en courant.

Toujours silencieux, Alex déplia soudain son long corps. Malko remarqua ses narines dilatées et ses yeux presque fixes. Sans un regard pour Malko il plongea impeccablement, portant toujours son tee-shirt et fila vers le bord d'un crawl souple.

Malko n'osait pas encore bouger. Si les deux abrutis s'étaient arrêtés derrière le premier cocotier, c'était trop court.

Il attendit qu'Alex ait touché le sable pour allonger avec précaution le bras vers la trappe des moteurs. Elle se souleva sans difficulté au moment où Alex disparaissait derrière les cocotiers.

Les moteurs étaient là, bien astiqués. Huit cylindres chacun. Malko eut un froncement de sourcils. Il avait horreur de la mécanique et avait dû répéter plusieurs fois avec Frank les gestes à accomplir sur un bateau similaire. La trappe ouverte, il se redressa pour surveiller la plage.

Alex avait disparu. Il devait, en ce moment, ramper entre les cocotiers pour arriver à voir le couple. Connaissant les goûts un peu particuliers de son « fiancé », Linda n'avait certainement pas interrompu ses ébats. Spectacle de choix pour Alex... L'amour sur la plage... Il devait en avoir l'eau à la bouche. Si on se fiait à la rumeur publique en ce qui concernait les facultés de Bob, Malko avait le temps de démonter le moteur.

Malko se laissa glisser à plat ventre sur le pont et plongea ses deux mains dans la trappe. Normalement, il aurait dû arracher l'un des tuyaux d'arrivée d'essence. Ainsi quand Bob mettrait en route, les étincelles d'une bougie débranchée feraient exploser les vapeurs d'essence. La déflagration ferait exploser « par sympathie » deux barres de plastic fixées dans le compartiment moteur. Ce sont ces barres que Malko avait décidé d'ôter. Il trouva facilement le tuyau d'arrivée d'essence et n'y toucha pas. Mais il eut beau scruter les recoins du compartiment, il n'aperçut pas l'explosif. Il ne pouvait pas se salir trop, les autres se seraient demandé pourquoi il avait joué au mécanicien. Mal à l'aise, il se releva et referma soigneusement la trappe. Pour se rassurer, il se répéta que, tout seul, l'explosif n'était pas dangereux. Au retour il expliquerait à Frank qu'il n'avait pu avoir accès à la plaque-moteur. C'était impossible : il ne pouvait pas tuer trois personnes de sang-froid.

Malko jura. Sa main droite était pleine de cambouis. La plage était encore déserte. Sans hésiter, il plongea et nagea rapidement jusqu'au bord, prenant soin d'accoster du côté opposé à celui où se trouvaient Bob, Linda et Alex.

Couché dans l'eau, il se frotta avec du sable jusqu'à ce qu'il n'y ait plus la moindre trace de noir sur ses mains. Puis il attendit toujours dans l'eau, regardant les petits *sandpipers* qui, avec leur démarche saccadée, ressemblaient à des personnages de dessins animés.

Alex apparut cinq minutes plus tard. Il marchait rapidement, les yeux brillants. À vingt mètres derrière, Bob et Linda surgirent aussitôt. Ils avaient l'air presque aussi contents que l'Allemand. La plus satisfaite devait être Linda qui avait profité des deux hommes en même temps, à l'insu de Bob.

Malko les héla :

— Bonne promenade ?

— Excellente, fit hypocritement Bob, vous auriez dû venir...

Tous les quatre regagnèrent le bateau à la nage. Épuisés par leurs exploits, Linda et Bob s'étendirent sur les couchettes du roof et Alex reprit sa place à l'avant. Malko était sur le compartiment moteur.

Bob dormait du sommeil de l'homme qui a bien forniqué. Linda de même et Alex semblait s'être assoupi.

Détendu par la satisfaction du devoir non accompli, Malko s'endormit. Le temps dut passer très vite car il fut réveillé par la voix de Bob.

— Allez, au travail. On s'en va. Malko, levez l'ancre.

Il était déjà à son poste de pilotage. Malko alla vers l'avant et commença à tirer la corde. Soudain le visage de Frank s'imposa à son esprit. Ses yeux quand il lui avait serré la main avant de partir. Une espèce de lueur froide et un peu amusée. Malko éprouvait une crainte diffuse qu'il n'arrivait pas à définir.

L'ancre était presque sortie de l'eau.

— Ça va, dit Malko.

Bob mit la main sur la clef de contact.

— OK! Linda, tiens le réchaud.

Alex était debout à l'arrière, sur la plaque du moteur. Linda à côté de Bob. Et, d'un coup, Malko comprit pourquoi il avait peur.

— Bob! cria-t-il en laissant retomber l'amarre dans l'eau.

Surpris, le jeune homme le regarda. Au même moment le pont arrière sembla être soulevé par une main invisible, projetant Linda et Alex en l'air. Une flamme énorme jaillit. Malko, dans un ultime réflexe, se laissa tomber dans l'eau.

Il devait être à plus de trois mètres de profondeur quand un remous le saisit et le ballotta comme un fétu. Un bruit sourd lui parvint.

Le yacht venait de sauter.

Retenant son souffle à se faire craquer les poumons, il nageait tout contre le fond du sable. Puis, hors d'haleine, il fila comme une flèche vers la surface.

En émergeant, il aspira une grande goulée d'air et fut presque suffoqué : une fumée noire recouvrait la mer. Il poussa en même temps un cri d'horreur : ses épaules brûlaient !

Une nappe d'essence enflammée se consumait à la surface de l'eau. Il ne s'était pas assez éloigné du bateau. Surmontant sa douleur, il replongea. Cette fois, il resta entre deux eaux, nageant de toutes ses forces. Quand il remonta, il y avait encore de la fumée, mais plus d'essence. Ses épaules et sa main gauche étaient à vif et lui faisaient un mal atroce.

Tant bien que mal, il continua à nager vers l'île. Quand il sentit le sable sur ses genoux, il était sur le point de s'évanouir. Pendant plusieurs minutes, il demeura le visage dans le sable sans pouvoir bouger. Enfin, il se retourna.

À l'endroit où s'était trouvé le bateau de Bob, il n'y avait plus que quelques débris. Une haute colonne de fumée noire montait dans le ciel. La mer brûlait encore tout autour. Pas un bruit, aucun signe de vie. Bob, Linda et Alex avaient dû être tués sur le coup par l'explosion du plastic.

Encore sonné, Malko se souleva et tituba jusqu'à un arbre pour avoir un peu d'ombre. Il avait envie de vomir. Il s'assit et regarda, hébété, des débris informes venir s'échouer devant lui. Il n'y avait plus un oiseau sur l'île : l'explosion les avait fait fuir. La fumée montait toujours dans le ciel. On devait la voir à des kilomètres. Il pensa amèrement à ce que lui avait dit Frank : « Je vous retrouverai facilement, ne vous en faites pas. Un bateau qui brûle, cela se voit de loin. »

— Le salaud! pensa Malko. Une haine froide l'animait Au lieu de se fier à Malko, l'Américain avait placé du plastic *avec* un détonateur à retardement. Comme ça, on liquidait Malko du même coup. Frank avait dû sentir les réticences de son collègue en ce qui concernait les meurtres.

Malko serra les lèvres. Il aurait un sérieux compte à régler avec Frank. Plus tard...

Soudain, un gros objet vint s'échouer devant lui. C'était un corps humain.

Malko se leva et clopina jusqu'à l'eau. Le corps était déjà enfoncé dans le sable, sur le ventre. Avec effort, il le retourna.

C'était Alex von Ritersdorf.

Son visage et le devant de son corps étaient affreusement brûlés. Assommé, il avait dû mourir noyé. Son visage reflétait un étonnement intense. Avec précautions, Malko souleva son bras droit. Cette fois, rien ne protégeait plus le secret d'Alex. Son éternel tee-shirt n'existait plus.

Sous l'aisselle, Malko trouva ce qu'il cherchait. Un numéro tatoué – 857 – suivi de la lettre A. Ce qui avait dû être la fierté de l'Obersturmbahnführer SS Dieter Malsen.

Cette marque ineffaçable était le signe de reconnaissance des anciens nazis. Et tous les numéros inférieurs à mille appartenaient aux grands chefs de l'organisation.

Malko laissa retomber le bras.

Cela fit un plouf léger dans l'eau. Comme le plongeon d'une jolie fille. Debout près du mort, Malko pensait à l'étrange destin de cet ancien bourreau que la mort était venue surprendre dans cet endroit paradisiaque, au Brésil.

Des débris divers continuaient à venir s'échouer sur la plage. Malko reconnut la marmite où avait cuit la féjouade. Le yacht avait volé en éclats. On ne retrouverait peut-être jamais les corps de Linda et de Bob. Entre les barracudas, les requins et autres bestioles qui infestaient la baie...

Un voile noir passa devant les yeux de Malko. Il se laissa tomber sur le sable. Déjà des mouches bourdonnaient autour de son épaule. La sueur lui coulait dans les yeux en le brûlant affreusement.

Que faisait Frank ? Il avait dû entendre l'explosion et la colonne de fumée le guidait. Il était censé venir recueillir Malko. Épuisé par le seul fait de penser, Malko s'étendit et ferma les yeux. Sans ses brûlures, il serait resté éternellement sur cette plage tropicale...

Une voix masculine le réveilla. Il étouffa un grognement de douleur en tournant la tête. Quatre hommes étaient debout, près de la lisière des cocotiers. Deux avaient des pistolets à la main. Malko en reconnut un instantanément, c'était l'homme qui avait tiré sur lui de la Volkswagen verte. Il ne l'avait aperçu qu'une fraction de seconde mais sa fantastique mémoire ne pouvait pas le tromper.

Comment ces tueurs étaient-ils là ?

L'avion ! Depuis le début on les avait espionnés. Pour eux aussi c'était une bonne occasion, cette promenade en mer.

Malko s'enfonça un peu plus dans le sable. Désarmé et blessé, il n'avait pas beaucoup de chances. L'île était trop petite pour s'y cacher. Et ils ne venaient certainement pas avec de bonnes intentions.

Soudain, l'un des hommes cria en désignant Malko. Il le prenait pour un cadavre rejeté par la mer. Ils se dirigèrent vers lui sans se presser.

Il n'y avait plus qu'une chose à faire : d'un bond désespéré, Malko plongea dans la mer et fila sous l'eau. Le contact du sel sur ses brûlures lui fit l'effet d'un fer rouge. Tous ses muscles lui faisaient mal. Frank, apparemment, n'avait pas pris de risques.

Malko remonta. Il était à une vingtaine de mètres du rivage. Avant de replonger, il perçut les « floc » de plusieurs balles s'enfonçant dans l'eau près de sa tête. Heureusement, les tueurs n'avaient que des revolvers.

S'il arrivait à nager assez longtemps, il parviendrait peut-être à atteindre l'île d'en face où il pourrait se cacher.

Il remonta de nouveau.

Ses poursuivants n'étaient plus sur la plage. Il s'accorda une seconde de pause avant de repartir en nageant sur le dos.

Il ne pensait même plus aux requins. Mécaniquement ses bras battaient l'eau. Il savait que s'il stoppait, il coulait à pic de fatigue.

Le répit ne dura pas. Un canot apparut à la pointe de l'île : les hommes de Frank. Deux d'entre eux ramaient de toutes leurs forces. Il n'y avait pas de mer et l'embarcation avançait assez vite vers Malko.

Celui-ci tenta désespérément d'accélérer sa cadence. Impossible. Il but plusieurs gorgées d'eau salée, suffoqua et s'arrêta presque. Il souleva un peu la tête pour apercevoir l'horizon. Rien en vue, la mer était désespérément vide.

Malko pouvait entendre les voix de ses poursuivants. L'un tira et la balle siffla très haut au-dessus de lui. Un des hommes dit à l'autre d'attendre d'être plus près.

Malko ne luttait même plus. L'île était à cinq cents mètres, devant lui. Il n'y arriverait jamais avant le canot. Brusquement, il cessa de nager et se laissa aller, faisant la planche dans l'eau tiède.

Très détaché, il regarda le canot s'approcher. À l'avant, il y avait un homme appuyé au bordage, tenant à deux mains un pistolet de gros calibre. Le visage impassible, il visait Malko, attendant d'être à bonne distance pour tirer. Aussi calme que s'il allait tirer un urubu.

Un mince sourire éclaira le visage de Malko. Il allait les priver de leur gibier. Puisqu'il avait toujours entendu dire que la noyade était une mort relativement douce, c'était le moment d'y aller. Ça valait mieux que d'agoniser entre deux eaux, truffé de plomb.

Il eut une dernière pensée pour son château qui ne serait décidément jamais fini et ouvrit la bouche pour avaler une bonne gorgée d'eau de mer.

Le canot n'était plus qu'à dix mètres.

CHAPITRE XI

Allongé dans un hamac tendu entre deux cocotiers, Frank attendait. Il regarda sa montre et referma les yeux. Encore quelques minutes. Il était parfaitement calme. Comme tous les techniciens, il manquait d'imagination. Il avait mis son plan au point. De toute façon, cela devait marcher. Avec ou sans Malko.

Frank était arrivé de Rio dans la matinée et avait loué trois chambres à l'hôtel du yacht-club. Du jardin, il surveillait le petit port et son chriscraft amarré avec ses deux hommes à bord. Officiellement, ils attendaient tous le bateau d'un ami. Dans un sens c'était vrai. Le chriscraft avait un seul moteur de 300 CV qui lui permettait d'aller à plus de 70 à l'heure, par mer calme.

Il allait allumer une cigarette lorsqu'une explosion sourde secoua l'air chaud et humide.

En un clin d'œil, Frank fut sur ses pieds. Ça venait de la mer. Il repéra la direction tant bien que mal et partit en courant vers le chriscraft. Un de ses hommes avait déjà mis le moteur en route. Il sauta dans le bateau qui démarra aussitôt.

— Tu vois où c'est ? demanda Frank à celui qui pilotait.

— Si, Senhor. C'est du côté de la grande île aux oiseaux, nous y serons dans un quart d'heure.

Rassuré, Frank souleva la banquette arrière. Il y avait là une cache avec deux mitraillettes mexicaines Mendoza, quelques grenades et un fusil à lunette. Au cas où le plastic n'aurait pas été assez efficace.

Il sortit le fusil, glissa un chargeur dedans et se rassit ; le canot filait à 60 à l'heure, serpentant entre les îles. Soudain, une colonne de fumée noire monta à leur gauche, loin devant eux.

— Vous avez vu ? cria Frank.

Le pilote inclina le chriscraft.

— *Es bom, Senhor!* Nous allons passer par le *banco silvero*, c'est plus court.

La fumée s'épanouissait dans le ciel. Frank éprouva la satisfaction du bon ouvrier. Il jeta un coup d'œil par-dessus bord. L'eau était merveilleusement claire. On voyait chaque grain de sable du fond.

Tout à coup, un choc violent précipita l'Américain vers l'avant. Il lâcha le fusil et se cogna durement la tête. Le moteur s'emballa et s'étouffa. Comme pris par une glu invisible, le chriscraft s'était arrêté.

— Qu'est-ce qui se passe ? demanda Frank.

Le pilote était tout penaud.

— Le sable, Senhor. Je ne comprends pas, le banc a changé, nous sommes ensablés.

— Fais marche arrière, alors.

Le Brésilien se tortilla.

— Cela va faire un détour énorme, Senhor. Il faut contourner trois îles » plus d'une heure.

— Bon, on ne va pas aller à la nage !

— Non, mais on peut pousser te bateau sur le banc, en descendant. Ce n'est pas large, cent, deux cents mètres peut-être. Après on repart.

Frank essuya le sang qui coulait de son front et sauta dans l'eau. Il en avait jusqu'à la taille, mais enfonçait dans le sable jusqu'aux genoux. Les deux Brésiliens l'imitèrent. Allégé, le chriscraft se remit à flotter. Frank vérifia rapidement que l'hélice était en bon état.

— OK, fit-il, on va essayer ton truc.

Pataugeant dans l'eau claire, les deux Brésiliens se mirent à tirer le lourd chriscraft par la corde de l'ancre. Derrière, Frank poussait un peu et surveillait l'hélice. Il n'y avait pas dix centimètres de marge entre le fond et la coque. En dix minutes, Frank fut crevé. Les Brésiliens ne valaient guère mieux. Ils avaient bien parcouru trois cents mètres et le sec se prolongeait.

Trop tard pour faire demi-tour.

Frank jura entre ses dents. La fumée noire avait presque disparu et il se sentait coupable. S'il y avait des survivants, il devait les trouver avant n'importe qui. Il n'y avait rien d'autre à faire qu'à continuer. Près de dix minutes, ils peinèrent encore et brusquement, le premier Brésilien disparut jusqu'au cou : le banc de sable était passé.

Le moteur repartit tout de suite. Cinq minutes plus tard, le chriscraft atteignait la pointe de l'île où le bateau de Bob avait mouillé.

Le pilote ralentit. La mer était pleine de débris. Frank aperçut un corps sur la plage. Le chriscraft s'approcha au maximum et il descendit retourner le cadavre. Il eut un grognement de satisfaction en reconnaissant Alex.

Lentement, le chriscraft repartit vers l'île d'en face. Au fond de l'eau claire, les trois hommes aperçurent l'épave du petit yacht. Dans quelques semaines, il n'en resterait plus rien.

Soudain, un corps apparut, flottant entre deux eaux. Puis un second. Frank, avec sa gaffe, attrapa le premier.

C'était un Brésilien inconnu, vêtu d'un complet léger. Il n'avait aucune blessure apparente mais était bien mort. Perplexe, Frank le rejeta et attrapa le second. C'était aussi un Brésilien dont la tête faisait un angle bizarre avec le corps : il avait les vertèbres cervicales brisées.

Frank n'y comprenait plus rien. Ces deux hommes ne se trouvaient pas sur le bateau de Bob. Leurs vêtements n'avaient aucune trace de brûlure. D'où sortaient-ils ?

Le chriscraft continua vers l'île. Cette fois, c'est le pilote qui aperçut un nouveau corps étendu sur la plage, presque nu.

Frank sauta du bateau et courut, son fusil à la main. Les deux Brésiliens le couvraient avec les mitraillettes. Il reconnut tout de suite Malko à la couleur de ses cheveux. Avec précaution il le retourna sur le dos. Les épaules étaient affreusement brûlées, ainsi que la jambe gauche.

Malko gémit et ouvrit les yeux. Ses paupières étaient gonflées et enflammées. Il tenta de parler mais s'évanouit de nouveau.

Impénétrable, Frank le regardait. C'eût été mieux s'il avait été mort. La bombe avait-elle explosé trop tôt ou non ?

On l'installa sur la banquette arrière du chriscraft. Un des Brésiliens lui versa dans la bouche une longue lampée de *cacha* tirée d'une gourde.

L'alcool fit tousser Malko et il ouvrit les yeux.

— J'ai mal, dit-il. Mes épaules…

— C'est OK, fit Frank un peu tendu. Vous êtes tiré d'affaire. Mais qu'est-ce qui s'est passé ?

Malko dit sourdement :

— Ce que vous aviez prévu. Ou presque. Il ne reste rien de Bob, de Linda et du bateau. Et j'ai vu le cadavre d'Alex. Mais après, ça s'est gâté. Quatre types sont arrivés en barque. Ils m'ont poursuivi pour m'abattre…

— Et alors ?

— Alors, je ne sais pas. Je nageais et ils allaient m'atteindre quand quelque chose d'énorme et de noir a jailli de la mer et est retombé sur le canot. J'ai coulé et quand je suis remonté à la surface, il n'y avait plus de canot... J'ai nagé jusqu'à l'île et je vous ai attendu.

Frank regardait Malko comme s'il délirait. Il expliqua rapidement en brésilien ce qu'il venait de raconter. Un des Brésiliens hocha la tête et remarqua :

— C'est une raie géante qu'il a vue. Il y en a plein par ici. Elles se reposent sur le fond de sable. Quand elles sont piquées par des milliers de puces de mer elles remontent à la surface et sautent à l'air libre pour s'en débarrasser. Certaines pèsent jusqu'à deux tonnes. Si une comme ça est tombée sur le canot, elle a tout broyé...

Frank ne répondit pas mais regarda Malko avec une certaine admiration : il avait vraiment un peu trop de chance.

— Ça doit être ça, dit Malko. En effet, cela ressemblait bien à une raie.

Pour l'instant, il préférait laisser croire à Frank qu'il n'était au courant de rien. L'Américain aurait été capable de l'achever. Il s'évanouit de nouveau. Trois quarts d'heure plus tard le chriscraft accostait au port du yacht-club.

Avec mille précautions on transporta Malko évanoui jusqu'à la voiture de Frank. Il fallut trois heures à l'Américain pour atteindre Rio. Il sifflotait en conduisant.

Durant tout le voyage, Malko ne bougea pas. Les plaies de ses épaules suppuraient et avaient vilain aspect. Mais ce n'était rien à côté de la haine qui mûrissait lentement dans sa tête endolorie.

CHAPITRE XII

Ébloui par la réverbération, Malko demeura immobile un instant devant la porte de la clinique. La petite infirmière moustachue, dévouée et rondelette qui le soignait depuis trois semaines, se tenait près de lui, portant sa valise. On sentait qu'elle n'attendait qu'une occasion pour le reprendre en main.

Mais, pour un empire, Malko n'aurait pas remis les pieds dans cette clinique. Depuis trois semaines, il vivait couché sur le ventre pour permettre à ses brûlures de se cicatriser. La nourriture était infâme : des purées de carottes, des haricots et des morceaux de viande microscopiques. La seule distraction de Malko était de jouer avec son lit électrique. Grâce à une poignée de commande, il le pliait dans tous les sens.

C'est maigre pour trois semaines...

Frank était venu deux fois. Il avait apporté à Malko des journaux et des magazines. Aucun des deux hommes n'avait reparlé de l'explosion du yacht. Mais Malko avait pris sa décision : la dernière chose qu'il ferait avant de quitter le Brésil serait de loger une balle dans la tête de l'homme de la CIA.

Debout sur son trottoir, Malko pensait à Frank. Il ne connaissait plus grand monde dans cette ville. Si, il restait Ruth !

La Buick noire du second conseiller stoppa devant Malko. Le chauffeur descendit et lui ouvrit la porte. La petite infirmière tendit à Malko une boîte et lui sourit : depuis le premier jour elle était éperdument amoureuse de lui.

Dans la voiture Malko ouvrit la boîte : elle contenait une minuscule *figua* en or. Quinze jours de salaire de l'infirmière.

Dans la voiture, il tira de sa poche une coupure qu'il avait découpée dans *O Globo*, et la relut. C'était un banal fait divers. On avait découvert sur la plage de O Bandeirantes le cadavre d'un inconnu enterré grossièrement. Après enquête la police avait identifié le mort. Il s'agissait d'un certain Ribeiro Bandar, repris de justice, dont les cheveux avaient été teints en blond.

Cette information signifiait que pour Malko l'affaire Cunha n'était pas finie. Au contraire. Et quelque chose lui disait même qu'elle ne faisait que commencer, si ses déductions étaient exactes.

Au lieu d'aller jusqu'à l'ambassade, il se fit conduire en bas de l'avenue Rio Branco, au bureau de la Scandinavian Airlines System. Il avait un point important à y vérifier.

Un petit homme moustachu et aimable l'accueillit. Malko lui raconta son histoire : il habitait Manaus et aurait dû se rendre à Rio un mois auparavant pour accueillir un ami venant d'Europe et voyageant sur la Scandinavian. Malheureusement, il avait eu un accident et n'avait pu venir à Rio. Il désirait savoir si son ami qui s'appelait Malko Linge était arrivé.

— C'est très facile, lui répondit l'employé de la SAS, je vais envoyer un câble à Copenhague. C'est là que sont concentrées toutes nos réservations. Si votre ami a pris un vol SAS le mois dernier, ils me le diront.

— Il n'y a pas de chances d'oubli ou d'erreur ? demanda Malko.

L'homme secoua la tête.

— Aucune. Tout le système « réservations » de la SAS est centralisé à Copenhague. Si votre ami est parti d'un point quelconque d'Europe, son nom et le numéro de son vol ont été immédiatement enregistrés par un cerveau électronique, qui en garde la mémoire. Il suffit de lui demander.

« Si vous repassez dans deux jours, je vous fixerai avec certitude. D'autant plus que nous n'avons, entre Copenhague et Rio, qu'un vol par semaine qui stoppe à Francfort, Zurich, Lisbonne et Monrovia.

« En tout cas, votre ami ne s'est pas fait connaître à notre service d'accueil…

Malko quitta le bureau de la Scandinavian Airlines System encore plus soucieux. Il était déjà presque sûr de la réponse. L'inconnu qui avait usurpé son identité n'avait jamais quitté le Brésil.

Cela signifiait beaucoup de choses. D'abord que leurs adversaires n'étaient pas ceux qu'il croyait et surtout que Ruth avait menti... Or, si Ruth avait menti sur ce point – c'est elle qui avait « informé » Frank de l'arrivée du mystérieux inconnu – elle pouvait avoir menti sur d'autres points.

La jeune Noire n'était pas venue le voir durant son hospitalisation. Il avait mis cela sur le compte de l'insouciance naturelle des Brésiliens qui oublient les rendez-vous à la minute où ils les prennent. Mais il y avait peut-être une autre raison...

Il alla à pied jusqu'à l'ambassade. Le temps continuait à être magnifique. L'huissier américain de service dans le hall du building le reconnut et lui serra vigoureusement la main.

— Remis de votre accident, monsieur le Vice-Consul ? Vous l'avez échappé belle...

Officiellement, c'était un incendie accidentel. L'ambassadeur avait envoyé une énorme gerbe.

Larry Gallo ne laissa Malko patienter que quelques minutes. Puis, il vint l'accueillir lui-même chaleureusement sur le pas de son bureau.

— Heureux de vous revoir, mon cher, fit-il, très mondain. Notre vice-consul nous a manqué...

Comme si Malko revenait après une innocente maladie et non un triple meurtre décidé dans ce même bureau.

Après les banalités d'usage, le second conseiller baissa la voix pour entrer dans le vif du sujet :

— Mon cher Malko, dit-il un peu pompeusement, j'ai envoyé moi-même un rapport à la CIA étant donné votre incapacité provisoire.

« Il est très flatteur pour vous, d'ailleurs... Il me semble que nous avons, heu... solutionné ce cas au mieux de nos intérêts. Tous ceux qui s'intéressaient à ce manganèse sont « hors circuit », dirons-nous.

« Pour l'instant, nous laissons dormir. L'exécuteur testamentaire est le docteur Crandao, qui nous a déjà rendu quelques services. Aussi, je ne m'inquiète pas pour l'avenir. Le jour venu, nous créerons discrètement une affaire brésilo-américaine qui exportera ce damné manganèse...

Malko fit tourner ses lunettes entre ses doigts :

— Je ne suis pas aussi optimiste que vous, Sir, dit-il sombrement. J'ai découvert certains faits nouveaux qui me font croire que nous ne sommes pas au bout de nos ennuis...

Le diplomate pâlit.

— Bon sang, qu'est-ce qui vous fait dire ça ? C'est que ma carrière est en jeu, dans cette histoire. J'ai câblé à Washington que le manganèse était pratiquement à nous... Je vais me retrouver en Afrique noire ou au Groenland.

— Écoutez, dit Malko. Je ne suis pas encore parti. Mais j'ai l'impression qu'on nous a intoxiqués du début à la fin. Et qu'il va nous tomber une tuile sur le coin de la figure d'une minute à l'autre.

Le conseiller était sur le point de se tordre les mains.

— Convoquons Frank immédiatement.

Malko arrêta son geste.

— Non. Laissez-moi faire quarante-huit heures au moins. S'il y a intoxication, c'est par le canal de Frank…

Du coup le second conseiller bondit.

— Quoi ! Il nous trahit ?

— Non, non, fit Malko. Mais le mettre au courant reviendrait à avertir les autres.

— Mais quels autres ? demanda plaintivement le diplomate.

Malko eut un geste d'impuissance.

— Je voudrais bien le savoir. J'ai une piste que je vais essayer de suivre.

Il laissa Larry Gallo en proie aux pensées les plus noires. L'idée que Frank, le dur, le professionnel, s'était laissé mener en bateau, paniquait le diplomate. À qui se fier, mon Dieu ?

Avant de quitter l'ambassade Malko téléphona à Kurt. Son cousin lui avait rendu visite plusieurs fois. Pour lui aussi, Malko avait eu un accident de mer. Grâce à sa vigilance, Malko avait pu aider sa convalescence de quelques verres de vraie vodka.

Kurt l'invita à dîner pour le lendemain soir, pour fêter sa sortie.

Malko quitta presque à regret l'asile climatisé de l'ambassade. En se retrouvant dehors, il eut l'impression de recevoir du plomb sur les épaules.

Le temps était à l'orage. Les Cariocas se promenaient en chemise et espadrilles, avec de grands parapluies noirs roulés sous le bras. Il marcha jusqu'à la Praia de Botafogo pour se délasser un peu.

Les marchands de cerfs-volants repliaient leurs oiseaux de toile multicolores.

Malko marcha près d'une demi-heure, regardant les avions décoller de l'aéroport voisin de Santos-Dumont. Il s'arrêta devant un monument de pierre élevé aux pionniers de l'aviation portant en lettres d'or : « Aux pilotes et équipages brésiliens qui ne revinrent pas. » Il rêva un instant aux hommes intrépides qui décollaient sur des machines rudimentaires pour parcourir des milliers de kilomètres au ras des vagues ou de la forêt vierge. Les espions n'avaient jamais de monuments, eux. Quelquefois on les réhabilitait. À titre posthume. Comme Richard Sorge, le génial espion qui aida la Russie à gagner la guerre. La veille de son exécution, un Russe était venu le voir dans sa cellule pour lui dire : « Un jour viendra où nous pourrons honorer publiquement nos héros. Votre heure sonnera, Sorge. Car vous êtes un des plus grands de notre pays. »

Richard Sorge avait été exécuté le 7 novembre 1944. Il fut fait Chevalier de l'Étoile Rouge en 1964.

Déprimé par une marche desséchante et par ces pensées moroses, Malko décida de regagner l'ambassade pour y prendre une voiture. Il risqua sa vie pour traverser les trois larges chaussées et se retrouva sur une place calme, bordée de buildings modernes.

Soudain, il eut un étourdissement. Il avait trop présumé de ses forces. Des lueurs fulgurantes passèrent devant ses yeux et il dut s'appuyer sur une voiture en stationnement pour ne pas tomber.

Le malaise ne dura que quelques secondes.

Pour voir un peu la tête qu'il avait et vérifier sa coiffure, il se regarda dans la glace de la voiture. Et il tomba en arrêt. Une seconde, son cerveau travailla à toute vitesse, triant des souvenirs. Puis il passa une main incrédule sur la carrosserie de la voiture.

Pas de doute. Il y avait une estafilade dans la peinture verte juste au-dessous de la glace ; le caoutchouc du déflecteur était légèrement décollé ; et, en dessous de la poignée, la peinture avait sauté, laissant une tache de rouille.

C'était la Volkswagen d'où on avait tiré sur lui, le second jour de son arrivée.

Il ne pouvait se tromper. C'était plus fort que lui. Sa mémoire photographiait tout. Il n'y avait pas une chance d'erreur sur un million. Ce qui aurait été impossible avec n'importe qui était normal pour son cerveau en forme d'IBM.

Rapidement, il s'éloigna de la voiture. C'était une chance inespérée de savoir qui était derrière cette série de meurtres et de vérifier son hypothèse.

La Volkswagen était stationnée en épi, face à un grand building. Malko traversa la rue et se posta derrière les grilles d'un petit square. Il était caché par un arbuste et surveillait l'entrée de l'immeuble. Déjà, il avait relevé mentalement le numéro de la voiture, immatriculée dans l'État de Guanabara. Mais des recherches par ce système prendraient du temps.

Son attente dura près d'une heure. Mortellement fatigué, il sautait d'un pied sur l'autre. Il aurait donné n'importe quoi pour un lit. Heureusement peu de gens entraient et sortaient du building.

Sans bouger, la chaleur était effroyable. Il en avait des hallucinations. Sa chemise était collée à sa peau.

Enfin, un homme sortit de l'immeuble, une serviette à la main, et se dirigea vers la Volkswagen. De loin, sa silhouette était vaguement familière à Malko. La sueur qui lui coulait dans les yeux l'empêchait de distinguer ses traits. Il s'essuya avec sa pochette au moment où l'homme se mettait de profil pour ouvrir sa portière. À cet instant, Malko le reconnut : c'était le docteur Crandao, l'avocat d'Alvaro Cunha, l'« homme sûr » de Larry Gallo.

Malko le laissa s'éloigner, sortit de son square et partit à grandes enjambées vers l'ambassade.

Le responsable du « pool-voitures » lui redonna une Chevrolet. Il ne chercha pas à voir le second conseiller. Il avait décidé cette fois d'agir seul.

Une rage froide le tenait au ventre. Il avait la déprimante impression d'avoir servi de pion à un homme supérieurement intelligent. Beaucoup de choses lui échappaient encore. Mais il savait que c'était le calme docteur Crandao qui avait tenté de l'assassiner ; que Ruth avait menti pour faire abattre son double.

Il s'engagea à toute vitesse dans le tunnel do Pasmado et arriva sur l'Avenida Atlantico. À ce moment il eut un coup au cœur : plusieurs voitures arrivaient droit sur lui ! Il lui fallut plusieurs secondes pour réaliser que c'était l'heure où les sens interdits changeaient de sens. Il était le pionnier de la direction nord-sud. D'autres véhicules s'engouffrèrent à sa suite.

Le ciel roulait de gros nuages et la mer était plombée. Il avait faim. À deux kilomètres, le *Castellino*, restaurant snob de Rio, clignotait de tous ses néons. C'était l'endroit idéal pour dîner tranquillement à cette heure-là.

Il stoppa la voiture et entra. Un serveur souriant l'accueillit et lui donna une table sur la terrasse. Les Brésiliens mangeaient à l'intérieur. Pour eux le temps était glacial.

Malko commanda des camaraos à la Bahia, de grosses crevettes avec du riz très épicé, et du vin du pays. Il mangea lentement en réfléchissant et paya trente cruzeiros pour le tout, même pas deux dollars. Au dessert, un gamin descendu de la favella voisine, vint timidement quêter ses restes dans une vieille gamelle. Cela n'étonna personne. Il partit ravi avec une bonne platée de riz, sous le regard protecteur du serveur. Cela, c'était toute la gentillesse du Brésil où vous pouvez entrer demander un verre d'eau dans n'importe quel café...

Les premières gouttes de pluie commençaient à tomber quand Malko quitta le restaurant. Soudain, ce fut l'averse tropicale. Il n'y avait plus un chat dans les rues, le rideau de pluie empêchait de voir à dix mètres. Réfugié dans sa voiture, Malko faisait son plan.

Il allait tenter de faire avouer Ruth. Il fallait à tout prix démêler les fils de cette histoire, avant qu'il n'y ait de nouveaux morts. Il prit sa Samsonite à l'arrière, ouvrit le compartiment secret et y prit son pistolet extra-plat. Après avoir vérifié le chargeur, il le glissa dans sa ceinture et mit la voiture en route.

Le rideau de pluie était si épais qu'il mit près d'un quart d'heure à trouver la rua Alagoas. Il stoppa devant le numéro 65. La fenêtre de l'appartement de Ruth était éclairée : elle était là.

Le temps de traverser le trottoir, il était trempé. Il monta les quatre étages à pied, lentement. Arrivé devant la porte de Ruth, il tira son pistolet de sa poche. Avec son costume trempé, son visage ruisselant de pluie et la longue arme noire au bout du bras, il n'était pas spécialement rassurant...

Il posa le doigt sur le bouton de sonnette.

Après un claquement de verrou, la porte s'ouvrit brusquement. Ruth était devant lui, drapée dans une robe de chambre, genre paréo. Son visage se décomposa quand elle reconnut Malko. Comme si tous les nerfs faciaux s'étaient paralysés d'un coup. Les traits tombèrent. Elle lâcha les pans du peignoir pour tenter de refermer la porte et poussa un petit cri.

Malko leva lentement son arme.

— Oh, ne me tue pas tout de suite ! gémit Ruth.

Le peignoir s'était ouvert et Malko apercevait ses longues jambes et son ventre légèrement plus clair. Il eut une brusque flambée de désir, mais se contint. Il s'avança et la repoussa doucement dans la pièce en la tenant par la hanche. Sa chair élastique était soyeuse.

— Je savais que vous viendriez, murmura la Noire.

Les lèvres serrées, Malko plongea son regard d'or dans les yeux anisette ; ils étaient pleins d'une terreur animale.

— Tu as tellement de choses à te reprocher ? dit-il froidement.

Un coup de tonnerre ébranla alors l'appartement et une rafale de pluie fit tinter les vitres. Ruth frissonna et répéta :

— Vous allez me tuer...

Elle fit trois pas et s'effondra sur le lit, de côté. Prise sous elle, la robe de chambre moulait ses hanches comme un maillot. Malko ignora l'invite muette et saisit une poignée de cheveux de Ruth, en lui rejetant la tête vers lui.

— Je vais certainement te tuer si tu ne me dis pas tout ce que tu sais. Tu as cinq minutes pour essayer de sauver ta peau.

Sans brutalité il appuya le canon du pistolet au creux de la nuque de la jeune femme. Elle eut un long frisson, se retourna d'un bloc et prit sa main gauche qu'elle porta à ses lèvres.

— Oh, *meu bem*, gémit-elle. Je suis si contente que vous soyez vivant. J'ai prié pour vous. Mais j'étais forcée vous savez. Ils m'avaient promis qu'ils ne vous toucheraient pas.

— Pourquoi ne m'as-tu pas averti ?

Elle se tordit les mains.

— Ils m'auraient tuée. Comme Gustavo Orico. Je ne voulais pas mourir comme ça. On souffre comme une bête pendant des heures.

— Tu préférais que je meure, moi, dit sèchement Malko.

— Non !

C'était presque un hurlement. Elle continua :

— Je vous ai protégé, souvent. Souvent, j'ai répété que, les autres morts, vous n'étiez pas dangereux. À la fin, ils m'ont dit que, tant que vous étiez vivant, il y avait un risque, que vous saviez trop de choses...

Malko retint un sourire. Lui qui pensait justement ne rien savoir. Quelle ironie.

Il y eut un nouveau coup de tonnerre. Ruth se dressa à genoux sur le lit.

— Quand vous êtes parti sur le bateau avec les autres, je suis restée tout le dimanche ici, à prier. Je ne voulais pas qu'ils vous tuent. J'ai été si heureuse quand j'ai su que vous étiez à l'hôpital. Mais si triste aussi, parce que si vous étiez vivant, c'est moi qui allais mourir, de votre main... Vous saviez qui vous avait envoyé ces *cafetaos*[1]

Malko ferma les yeux. Tout cela était de plus en plus délirant.

— Donne-moi à boire, ordonna-t-il.

Ruth se leva, ouvrit un placard et en sortit une bouteille de *cacha* et deux verres. Ses mains tremblaient. Elle en arrosa la table.

Malko but la moitié de son verre de tord-boyaux. Ruth s'assit en face de lui, sans le regarder.

Ainsi, récapitulait-il, Ruth a travaillé pour les Brésiliens, depuis le début. Cela, c'était clair. Ce qui l'était moins, c'est ce qu'ils cherchaient, eux.

Pour se donner une contenance, il se leva et fit le tour de l'appartement. C'était assez luxueux pour Rio. Il y avait même un tapis d'Orient dans la chambre et un gros réfrigérateur dans la cuisine. Dans ce quartier, le plus cher de Rio, cela devait coûter au moins deux mille cruzeiros par mois. Or, Ruth devait en gagner trois mille. Il alluma une cigarette :

— Qui paie le loyer ?
— Lui.

1. Maquereaux.

— Lui, qui ?

Elle le regarda, surprise.

— Crandao. Il me donne aussi de l'argent pour moi, mais pas beaucoup.

Ainsi le doux avocat brésilien était bien le patron de Ruth ! Et elle ne s'était jetée dans les bras de Malko qu'en service commandé. Cette idée le durcit.

— Tu sais ce que tu es..., dit-il doucement. J'ai envie de te tuer.

Il pensait à Linda, au vieux Cunha et aux autres... Hipolito, surtout !

La tête de Ruth s'effondra sur sa poitrine. D'une voix presque imperceptible, elle murmura :

— Cela vaudrait peut-être mieux. Je prends des cachets toutes les nuits, autrement je ne peux pas dormir. Je pense à tous ces gens qui sont morts à cause de moi, à Bob, aussi ; vous savez j'ai été très *apaxonada* de lui à un moment... Et puis à Hipolito. J'ai habité dans la favella, au Morro Babylonia, moi aussi, quand j'étais pauvre.

Malko sursauta :

— Mais pourquoi t'es-tu embringuée dans cette histoire ?

Elle sourit tristement.

— Pour vivre ! Pour avoir une baignoire, un pick-up, des robes... Je savais pourquoi le vieux Alvaro rencontrait Hipolito, avant que vous ne l'ayez tué. Je pouvais les sauver tous les deux en disant la vérité. Mais j'ai été lâche. Ils m'auraient tuée ou torturée. Alors je vous ai menti pour que vous tuiez Alvaro.

— Crandao est si cruel que ça ?

— Il hait les femmes. La sienne le trompe tous les jours que Dieu fait dans les voitures à la Barra de Tijuca. Ça le rend fou. C'est pour cela qu'il ne pense qu'à la politique.

Assis sur une chaise, Malko la regardait fixement. Ses yeux n'étaient plus que deux boules d'or où se reflétait la terreur de Ruth.

— Qu'est-ce que vous allez faire ? demanda la jeune femme.

Malko ne répondit pas tout de suite. Il n'y eut plus comme bruits dans l'appartement que la pluie et le grondement lointain du tonnerre. Où était le bel été de Rio ? Malko avait le cafard.

— Ce métier est décidément immonde, murmura-t-il.

Il n'y avait jamais de happy-end, pour lui.

— Ça dépendra de toi, dit-il à haute voix. Tu vas me dire pourquoi ils ont fait tout cela.

Elle écarquilla les yeux de surprise.

— Comment ? Vous n'avez pas encore compris ?

Il se força à un rire sec et coupant.

— Si. Mais je veux voir si tu ne me mens pas encore.

— Bon. (Elle se mit à parler d'une voix basse.) Il y a longtemps que je travaille pour Crandao.

J'étais une amie de sa femme. Quand j'ai commencé à travailler pour les Américains, il m'a dit que je pourrais me faire un peu d'argent en le renseignant. J'ai accepté. Ce n'était rien de bien important, jusqu'à l'histoire du manganèse. Il y a une chose que vous n'avez jamais sue, Crandao était au courant depuis longtemps. Il était en pourparlers avec Cunha. Mais ce vieux filou ne voulait pas entendre parler de lui. On lui proposait de le payer en cruzeiros... Il voulait des dollars pour sa fille. Or, Crandao a des ambitions politiques démesurées. Il voudrait se présenter comme gouverneur. Pour cela il a besoin du manganèse.

« C'est pour cela que Crandao a décidé de le supprimer. Mais il ne pouvait pas le faire lui-même. Cela se serait su. Il savait, par contre, que si vous soupçonniez Cunha de vous trahir, vous l'abattriez. C'est ce qui est arrivé... Mais il a toujours voulu signer avec vous. S'il avait été moins orgueilleux, il serait encore vivant.

— Et Ritersdorf?

— C'est la même chose. Là aussi j'ai menti.

Malko siffla entre ses dents :

— Tu es un vrai Judas...

Elle ne releva pas et continua d'un ton morne :

— Au début Ritersdorf ne s'intéressait pas au manganèse. C'est vrai que c'était un ancien SS, mais il avait abandonné la politique depuis longtemps. Crandao connaissait son passé parce qu'il l'avait aidé à avoir des papiers brésiliens à la fin de la guerre. Alex s'entendait bien avec Linda. Avec son argent, il était tranquille pour le restant de ses jours. Il n'avait aucune envie de se mêler à cette sale histoire.

— Alors, le type que Frank a abattu?

— C'était un *cafetao* envoyé par Crandao. J'ai prévenu Frank pour qu'il croie qu'il s'agissait d'un homme qui appartenait à une mystérieuse association nazie dirigée par Alex von Ritersdorf. J'étais sûre qu'il allait le faire abattre pour qu'il ne parle pas. Et vous étiez persuadés qu'une organisation concurrente voulait le manganèse.

— En somme, en faisant sauter le bateau avec Linda et Alex, nous avons rendu un fier service à monsieur Crandao, conclut Malko. Il ne restait plus rien entre le manganèse et lui. Mais comment veut-il s'en emparer et que va-t-il en faire?

— Ça je n'en sais rien, dit Ruth. Je sais seulement que de toute façon, il m'aurait tuée aussi. Je m'en suis rendu compte après. Je sais trop de choses. En politique, c'est gênant.

— Tu penses que Crandao a fait tout cela pour l'avancement de sa carrière?

Elle hocha la tête affirmativement :

— Il y a des élections cette année. Les Brésiliens sont très chauvins. Il veut être l'homme qui a arraché les richesses du pays aux Américains.

— Et toi, tu auras ta statue en haut du Pan do Azucar comme la Jeanne d'Arc du Brésil…, conclut amèrement Malko.

Il y eut un moment de silence. Malko reconstituait l'histoire. Tout collait parfaitement maintenant, sauf une ou deux choses :

— Et le secrétaire ? demanda-t-il. Gustavo Orico ? C'est Crandao aussi qui l'a tué ? Pourquoi ?

Ruth baissa la tête :

— À cause de moi. Par hasard, il m'a surprise avec Crandao. Il aurait été le dire à Frank et toute la combinaison se serait effondrée. Crandao l'a fait prendre par ses hommes de main et en a profité pour impressionner ses amis politiques.

« Il a réuni une macumba et il a fait un sacrifice humain. Aux spectateurs, il a raconté que Gustavo trahissait le Brésil. En même temps, il montrait le sort qu'il réservait à ceux qui se mettaient contre lui. Vous savez comment Gustavo est mort ?

Malko savait. Ruth conclut.

— La moitié des Brésiliens croient encore à la magie et sont membres de sociétés secrètes, alors...

Durant son récit, Malko avait pris sa décision. Il demanda encore :

— Tu n'as rien dit quand ses tueurs ont tiré sur moi en voiture. Je croyais que tu tenais à moi ?

Elle eut un pauvre sourire :

— Ce n'était pas un vrai attentat, *meu bem*... Ils n'ont pas cherché à vous tuer mais à vous faire croire qu'on voulait vous tuer, les mystérieux agents qui allaient signer avec Alvaro Cunha... Sur la plage aussi, c'était truqué. On m'a juste donné un petit coup sur la tête. Comme ça, vous pensiez qu'une bande puissante luttait contre vous...

— Et la Chinoise, c'est vous aussi, alors ?

— Oui. Elle travaillait pour Crandao. Il l'a chargée de vous mettre sur la fausse piste de Ritersdorf. Et ensuite, il l'a fait tuer par ses *cafetaos*. Pour vous faire croire que l'Allemand se vengeait d'avoir été dénoncé...

— La vie humaine ne compte pas beaucoup pour monsieur Crandao, dit pensivement Malko.

Ruth hocha la tête :

— C'est lui aussi qui a fait tuer votre ami, au Sénat, vous savez, José Carala. Parce que celui-ci savait que Crandao était à fond contre vous. Et il aurait fini par le dire à Frank.

Malko l'interrompit. Il en savait assez.

— Où est Crandao, maintenant ?

— Chez lui, je pense. À Rio.

La peur reparut dans ses yeux. Elle dit d'une voix suppliante :

— Vous n'allez pas...

— Téléphone-lui. Dis-lui que tu as besoin de le voir.

— Non !

C'était un cri de bête qu'on égorge. Elle se jeta contre lui.

— Je vous en supplie, *meu bem*.

Il la repoussa doucement et elle tomba sur le tapis à ses pieds.

— Si tu fais ce que je te dis, il ne t'arrivera rien, du moins de mon côté. Tu as le numéro de Crandao ?

— Oui, fit-elle dans un souffle.

— Qu'est-ce que c'est ?

— 453682.

— Appelle-le. Demande-lui s'il est seul. Dis-lui que tu dois le voir pour une chose très importante. Tout de suite. Tu es déjà allée chez lui ?

— Oui.

— Alors vas-y.

Ruth était devenue grise. Elle chercha le regard de Malko, mais les yeux d'or étaient fixés sur un point très lointain. Et le long pistolet noir pendait toujours au bout de son bras. D'une main tremblante, elle prit le récepteur et le porta à son oreille. Malko venait d'avoir une idée folle. Il savait qu'il suffisait de raconter l'histoire à Frank pour que Crandao soit liquidé le lendemain. Mais cela n'arrangerait rien.

Par contre, s'il réussissait son plan, il y avait une chance sur un million de rattraper l'affaire. Et Malko n'avait jamais pu se défaire d'une certaine conscience professionnelle. Sa position était trop solide à la CIA pour qu'un échec comme celui-ci lui attire de sérieux ennuis. Mais il avait le goût amer de la défaite dans la bouche. Quel beau coup s'il pouvait ramener le manganèse ! Crandao était un homme politique. Il y avait peut-être un moyen de s'entendre avec lui. Quoiqu'il lui en coûtât, Malko devait d'abord penser à sa mission.

— Il n'y a pas de courant !

La voix triomphante de Ruth le tira de sa réflexion. Elle lui tendit le récepteur : la ligne était morte.

— Qu'est-ce qui se passe ? demanda Malko.
— C'est la pluie.
— La pluie ?
— Oui, quand il pleut à Rio, tout s'arrête, vous savez, même le téléphone. Il est noyé. Il faut attendre que ça sèche...

Effectivement, des trombes d'eau continuaient à tomber dehors. Malko alla jusqu'à la fenêtre et regarda. Personne dans la rue. Sauf un taxi avec le chauffeur dormant au volant, attendant la fin de l'averse.

— Bien, fit Malko, puisqu'on ne peut pas téléphoner, nous allons y aller. Habille-toi.

De nouveau la peur défigura Ruth. Elle vint se coller contre Malko, le peignoir ouvert, et se tordit contre lui en gémissant. Son corps était brûlant et Malko se sentit fondre d'un coup. Ruth s'en aperçut. Elle lui mordilla l'oreille et murmura :

— *Meu amor, quierés foder*[1] *?*

Il la repoussa gentiment avec le canon de son arme. Le bout d'acier froid s'enfonça dans la chair de son ventre. Elle frissonna.

---

1. Mon amour, tu veux b...

— Habille-toi vite, dit-il. Sinon…

Ruth laissa tomber son peignoir et fit un strip-tease à rebours devant Malko. Chacun de ses gestes était étudié pour qu'il saute sur elle. Jusqu'au moment où elle commença à boutonner lentement sa robe de shantung vert. Mais on ne renie pas plusieurs siècles de bonne éducation. Malko resta impassible.

Silencieusement, ils descendirent et s'engouffrèrent dans la Chevrolet. Il tombait des cordes. En avant vers Botafogo.

La voiture démarra dans une gerbe d'éclaboussures. L'Avenida Atlantico était déserte. La mosaïque des trottoirs brillait lavée par la pluie tropicale. Ils traversèrent le tunnel Marqués Porto et à la sortie durent contourner une douzaine de voitures arrêtées : la chaussée était inondée sur cinq cents mètres.

Cinq minutes plus tard, ils s'arrêtèrent devant le 80 de la Praia de Botafogo. C'était un grand immeuble moderne, face à la mer. Malko leva la tête vers la façade : pas une lumière. Il courut avec Ruth jusqu'à l'entrée. Ils étaient à tordre. Dans sa cage de verre le gardien dormait.

— C'est à quel étage ? demanda Malko à voix basse.

— Au premier.

— Tu crois qu'il est seul ?

Elle eut un sourire méchant.

— Certainement. À cette heure-ci sa femme n'est jamais rentrée. Elle doit être avec un de ses amants. Elle possède plusieurs appartements à Rio.

En parlant, ils avaient monté l'escalier. Ils stoppèrent un instant devant la lourde porte d'acajou. Malko prit Ruth par le bras :

— Tu vas sonner. S'il s'ouvre pas tout de suite tu lui dis à travers la porte que tu as quelque chose d'urgent à lui dire et que tu es seule. D'accord ?

— D'accord.

La voix de la jeune Noire n'était plus qu'un filet. Elle sonna. Malko avait vérifié qu'il n'y avait pas de judas. Ils attendirent quelques instants puis une voix d'homme fit à l'intérieur :

— Qui est là ?

— C'est moi, Ruth.

Il y eut un verrou poussé et la porte s'ouvrit. Au moment où Ruth entrait, Malko surgit derrière elle, pistolet à la main et la poussa violemment, en refermant la porte derrière lui.

— Ne faites pas de scandale, Senhor, je veux vous parler, dit-il.

Le Senhor Crandao portait une robe de chambre écarlate et des pantoufles assorties. Il regarda Malko, impassible, puis, se tournant vers Ruth, la gifla à toute volée. Déséquilibrée, Ruth tomba.

Malko leva son pistolet :

— Soyez plus galant, Senhor Crandao...

Le Brésilien dit sèchement :

— On n'a pas à être galant avec les bêtes. Qu'est-ce que vous me voulez ?

— Allons dans un endroit où on peut s'asseoir et je vous le dirai. Mais d'abord, j'aimerais m'assurer que nous sommes seuls !

Poussant l'avocat devant lui, Malko fit rapidement le tour de l'appartement. Il n'y avait personne. Crandao ne disait pas un mot.

Visiblement l'intrusion de SAS l'avait surpris. Ruth se releva et les suivit. Ils arrivèrent dans une vaste bibliothèque aux murs couverts de rayonnages. Crandao s'assit dans un grand fauteuil derrière un bureau. Malko prit une chaise en face de lui. Ruth resta debout près de la porte.

— Gardez les mains sur la table, Senhor Crandao, dit doucement Malko. Je sais que vous n'attachez pas beaucoup de prix à la vie humaine. Moi non plus. Alors écoutez-moi :

« Vous étiez l'avocat d'Alvaro Cunha. Je sais maintenant quel rôle vous avez joué dans cette histoire. Nous n'en reparlerons plus à une condition : je veux ce manganèse. Je pense que vous êtes bien placé pour m'aider.

Crandao eut un rire sec :

— Vous êtes fou ! Vous vous imaginez que je me suis donné tant de mal pour vous donner ce manganèse. Vous pouvez partir d'ici avec cette putain...

— Au fond qu'est-ce que vous pouvez faire ? dit Malko, innocemment. Pas grand-chose...

L'œil de Crandao brilla de colère.

— Imbécile. Il y a deux choses que vous ignorez. D'abord que je suis l'exécuteur testamentaire de Alvaro Cunha. À ce titre, j'ai mandat de gérer ses biens. Dans le coffre de notre défunt ami, il y a un papier en bonne et due forme qui me donne tous pouvoirs. Ensuite, j'ai déjà des acheteurs pour le manganèse : un groupe polonais. Ils vont construire des usines de transformation de canne à sucre en Amazonie et traiter le métal sur place, ce qui procurera du travail à des centaines d'ouvriers.

— Pourquoi n'avez-vous pas encore traité, alors ?

L'avocat laissa tomber d'un air condescendant :

— Parce qu'il y a une loi au Brésil d'après laquelle il faut attendre trois mois après un décès pour disposer des biens d'un mort, au cas où des héritiers se manifesteraient. Dans notre cas, il n'y a aucun risque, grâce à vous.

Malko le regarda bien en face :

— Ce n'est peut-être pas aussi facile que ça. Parce qu'en partant d'ici, je vais aller trouver la police. Avec Ruth. N'oubliez pas qu'elle a assisté au meurtre de Gustavo Orico. Et qu'elle sait pas mal de choses. Vous avez beau être puissant, ce sera difficile à étouffer. D'autant que, pour vous éviter toutes tentations, Ruth restera sous la protection de l'ambassade américaine. Cela va déchaîner un beau scandale qui risque de mettre fin à votre carrière politique.

— C'est une perspective très séduisante, répondit Crandao. Malheureusement, il y a quelque chose qui va vous empêcher de mettre votre projet à exécution.

— Quoi donc ? fit Malko soudain tendu.

— Ceci, Senhor, fit une voix de femme derrière lui.

Au même instant il sentit le froid d'un canon de pistolet sur sa nuque tandis qu'une voix de femme disait sèchement en brésilien :

— Lâchez ce pistolet, imbécile, où vous êtes mort.

Il y a des moments où il faut croire les femmes sur parole. Malko avait de l'instinct et il posa délicatement son long pistolet sur le parquet. Puis il attendit, les mains sur les genoux. Il maudissait son imprudence. Être resté le dos à la porte !

Une bouffée de parfum l'enveloppa. Son extraordinaire mémoire lui permit de reconnaître « Jolie Madame » de Balmain, luxueux produit d'importation pour le Brésil. Puis une jambe ravissante terminée par un escarpin mauve s'avança et poussa le pistolet loin de lui. Enfin l'inconnue fit le tour de la chaise.

C'était une jolie femme d'une trentaine d'années, aux charmes un peu épanouis, moulée dans un tailleur de la même couleur que ses chaussures. Peu discret. Mais le visage était joli avec des lèvres presque trop épaisses, d'immenses yeux noirs et une amorce de double menton. Pour l'instant, ces yeux dévisageaient Malko avec l'amabilité d'un gros chat pour une souris blanche. Et les doigts fuselés aux ongles interminables qui tenaient un petit 22 à crosse de nacre ne tremblaient pas.

— Qui êtes-vous ? demanda Malko.

Elle lui donna une tape légère sur les doigts avec le canon du pistolet et s'appuya au bureau.

— Ne posez pas de questions, Senhor.

— C'est ma femme, coupa Crandao. Lisa.

— J'ai entendu votre conversation, dit Lisa. Je rentre toujours très doucement pour ne pas réveiller mon mari. Cette fois cela m'a servi...

Crandao fit rapidement le tour du bureau et ramassa l'arme de Malko. Celui-ci le regarda bien en face :

— Vous allez me tuer ? Pensez aux ennuis.

Crandao sourit :

— Je ne crois pas que vous disiez la vérité. Mais de toute façon je n'ai pas l'intention de vous tuer tout de suite. Il y a quelque chose de plus urgent : cette chienne !

Il se tourna vers Ruth. Elle n'avait pas bougé. Appuyée au mur, elle regardait la scène, comme fascinée. Elle sursauta sous l'injure mais ne changea pas de place. Crandao leva le pistolet et dit :

— Je regrette de n'avoir pas plus de temps à consacrer à sa mort...

Malko vit l'index se crisper sur la détente. Pauvre Ruth. Mais Lisa Crandao cria :

— Arrête !

Surpris, l'avocat abaissa le pistolet. Les yeux brillants, Lisa se tenait devant Malko, les mains sur les hanches. Son tailleur s'était ouvert et il pouvait apercevoir une poitrine appétissante.

— Tu veux te débarrasser de cette putain, n'est-ce pas ? dit Lisa. J'ai une meilleure idée. (Elle se tourna vers Ruth.) Déshabille-toi.

La Noire eut un sursaut.

— Déshabille-toi, répéta Mme Crandao, ou je te colle une balle dans les ovaires et tu mets trois heures à crever.

Lentement, Ruth défit les premiers boutons de sa robe. Ses mains tremblaient et elle regardait désespérément le dos de Malko.

— Plus vite, fit Mme Crandao.

En même temps, elle alla jusqu'à la bibliothèque. Un électrophone était dissimulé dans la boiserie. Lisa Crandao le mit en marche. Quelques secondes plus tard, le rythme de la *Samba des Langoustes* s'éleva dans la pièce.

— À cause des voisins, précisa aimablement Lisa.

Ruth défit le dernier bouton et laissa glisser sa robe par terre. Elle était en slip et soutien-gorge noirs. Elle attendit, les mains le long du corps.

— Le soutien-gorge maintenant.

Elle envoya une main derrière son dos et d'un coup d'épaule ôta son soutien-gorge.

— C'est bien, ne bouge pas, dit Lisa Crandao.

La détonation fit bondir Malko de sa chaise : il se trouva nez à nez avec le canon de son propre pistolet. Crandao ne dit rien mais Malko se rassit.

Ruth glissait lentement le long du mur. La balle avait pénétré dans le sein gauche, en dessous du mamelon. Un filet de sang filtrait à travers ses deux mains crispées sur la blessure. Elle n'avait pas dit un mot. Une bête à l'abattoir.

Mme Crandao recula d'un pas et murmura :

— Une, ce n'est pas assez.

Elle leva le petit pistolet et visa avec soin. La seconde balle s'enfonça dans l'œil gauche de Ruth. Cette fois, elle poussa un hurlement affreux et porta les deux mains à son visage. Elle fut agitée d'un violent tremblement et se tordit en arc de cercle sur le tapis. Puis elle retomba. Seuls des spasmes presque imperceptibles agitaient encore ses pieds et ses mains.

La blessure de la poitrine coulait en épaisse rigole. Mme Crandao s'approcha du corps, revolver levé, et le retourna du bout de son escarpin mauve. Il bascula lourdement sur le ventre. Alors, froidement, elle tira encore quatre coups dans le corps immobile.

— Elle est morte, dit Crandao, joyeusement. Tu as touché le cerveau. Bravo ma chère. Ton idée est merveilleuse !

Lisa sourit modestement.

— Tu n'as plus rien à craindre pour ta carrière, maintenant, querido ? Pour elle, cela va très bien s'arranger : je suis rentrée à l'improviste et j'ai trouvé cette fille à deux heures du matin en train de se déshabiller avec toi. Folle de rage j'ai tiré. Je téléphone à Manuel et il me fait sortir demain soir...

Crandao rayonnait :

— Je n'aurais jamais cru que tu me rendes ce service ! jubila-t-il. Viens que je t'embrasse.

Il posa le pistolet de Malko dans le tiroir et fit le tour du bureau. Lisa était restée debout derrière la chaise de Malko.

Au même instant, Malko bondit comme un chat. C'était sa seule chance. Il s'était ramassé sur sa chaise dès que l'avocat s'était levé. Il atterrit sur le bureau et plongea la main vers le tiroir où se trouvait son arme.

— Tire, mais tire donc ! hurla l'avocat.

Malko serra les dents. S'il s'était trompé, il était mort.

Il y eut un claquement sec derrière son dos. Le revolver de Lisa Crandao était vide.

En empoignant le sien, Malko bascula par-dessus le bureau et se retrouva en flexion, face au couple. Il n'eut que le temps de faire un saut de côté. Un lourd vase en bronze passa à deux centimètres de son visage, lancé par l'avocat.

Malko leva son arme :

— Ne bougez plus, tous les deux.

Lisa Crandao et son mari se figèrent, frémissants de haine. Elle avait déjà basculé le barillet de son arme pour le recharger. Devant les yeux de Malko, elle jeta rageusement son arme.

Il y eut une minute pendant laquelle on n'entendit plus que la *Samba des Langoustes*.

Puis Malko recula lentement vers la porte, l'arme toujours pointée. Il avait une idée, qui sauvait pour l'instant la vie de Crandao.

— Nous nous reverrons, Senhor Crandao, dit-il lentement. À ce moment je vous tuerai.

L'avocat cracha une injure mais ne bougea pas. Rapidement, Malko traversa le hall de l'appartement. Au passage, il empocha la clef posée sur une commode. Puis il descendit l'escalier à toute vitesse, passa devant le veilleur de nuit toujours endormi et s'engouffra dans la Chevrolet. Il s'attendait presque à ce que Crandao tire sur lui par la fenêtre, mais l'avocat ne se manifesta pas. Seule la lumière brillait.

Les rues de Rio étaient désertes. Il pleuvait un peu mais le gros de l'orage roulait au-dessus de la mer. Malko prit la direction du nord, traversa le tunnel, Copacabana, et arriva sur Ipanema. Il n'avait pas croisé trois voitures. Tout en conduisant, il réfléchissait intensément. Si son plan échouait, il n'avait plus qu'à retourner à Botafogo et à abattre Crandao.

Il arriva dans le quartier résidentiel de Leblon. Grâce à sa mémoire phénoménale, il n'eut pas de mal à retrouver la villa de Kurt von Falkenhausen, bien qu'il n'y ait été qu'une seule fois. Bien entendu, tout était éteint. Malko arrêta la voiture et, sans hésiter, appuya longuement sur la sonnette. À sa montre, il était une heure du matin.

Rien ne bougea dans la villa. Malko réappuya sur la sonnette. Au bout de cinq minutes, il y eut un remue-ménage, une lumière s'alluma sur le perron et le petit domestique brésilien de Kurt arriva jusqu'à la grille, l'air méfiant et une antique pétoire au bout de la main droite. Quand il reconnut Malko, il baissa son arme et eut un sourire ensommeillé.

— Ton maître est là ? demanda Malko en brésilien.

— Oui, fit l'homme, mais il dort.

— Réveille-le, dit Malko, il faut que je lui parle tout de suite. C'est très important.

Un peu étonné, le Brésilien ouvrit la grille et introduisit Malko dans le salon qu'il connaissait déjà. Puis, il disparut dans l'escalier.

Quelques instants plus tard Kurt fit son apparition, drapé dans une robe de chambre verte en brocart, impeccablement coiffé. Il accueillit Malko comme s'il était deux heures de l'après-midi :

— Quelle joie de vous voir ! dit-il en lui serrant vigoureusement la main. Vous vous sentiez seul et vous aviez envie d'un peu de bon champagne ?

Malko sourit, un peu crispé et dit gravement :

— Kurt, je suis venu vous voir parce que j'ai besoin de vous et que vous êtes le seul qui puissiez me tirer d'affaire. Je sais que vous êtes un homme d'honneur. Je vais vous raconter une histoire qui va vous paraître invraisemblable et que je vous prie d'oublier lorsque nous nous quitterons. Je vais vous demander un très grand service. Si cela vous paraît impossible, dites-moi « non ». Notre amitié n'en souffrira pas.

— Je vous écoute, dit Kurt impassible. Je vous considère comme un homme d'honneur. Nous sommes de la même race et je vous viendrai en aide comme si vous étiez mon frère.

Malko était ému. C'est rare de trouver des hommes de cette qualité. Il attendit que Kurt soit enfoncé dans un fauteuil, pour commencer son histoire.

Pendant plus d'une heure, il parla sans discontinuer. Il voulait que Kurt n'ignore rien de l'affaire. Ce qu'il faisait était contre toutes les règles de la CIA. Il aurait pu être abattu immédiatement pour révéler de tels secrets mais il estimait que la fraternité de race peut passer avant le secret professionnel.

Kurt posa peu de questions. Quand Malko eut terminé par le récit du meurtre de Ruth, il demeura un instant silencieux puis demanda :

— Qu'est-ce que vous attendez de moi, Malko ?

C'était là que tout se jouait. Malko adressa une prière muette à sa *figua* d'or et dit calmement :

— Vous m'avez bien dit que le coffre de Cunha se trouve dans votre banque et que vous en possédiez la clef. Dans ce coffre se trouve le document nommant l'avocat Crandao exécuteur testamentaire. Si ce document était remplacé par un autre vous nommant, *vous*, exécuteur testamentaire, nous n'aurions plus de problème.

Kurt sursauta :

— Mais cela serait un faux !

— Oui, dit Malko. Mais jusqu'à sa mort, Alvaro Cunha était rigoureusement analphabète. Je crois que je pourrais très bien imiter une croix très potable.

— Et que me proposez-vous ? demanda Kurt.

Malko le regarda bien en face.

— Rien. Moi, je suis un agent secret. Je suis payé pour faire ce métier. Dans le cas présent je crois qu'il est utile pour la forme de civilisation à laquelle nous appartenons que ce gisement de manganèse soit contrôlé par nous. Si vous pensez comme moi, vous m'aidez, sinon, vous oubliez tout ce que je viens de vous dire. Autrement, vous me condamnez à mort.

Un large sourire éclaira le visage de Kurt. Il se leva.

— Si vous m'aviez proposé un seul cruzeiro, j'aurais refusé sans hésitation, dit-il. Je ne suis pas à vendre. Par contre, j'accepte de vous aider, si je n'en tire aucun bénéfice.

Malko se leva à son tour :

— Alors, allons-y maintenant. Demain matin, Crandao risque de réagir.

Kurt ne marqua aucune surprise.

— Dans cinq minutes, je suis prêt. Attendez-moi.

Pendant que son ami se changeait, Malko récapitula la situation. Si cela marchait, c'était le coup de chance le plus fantastique de sa carrière.

Dix minutes plus tard, les deux hommes roulaient à toute vitesse vers le centre de Rio. Kurt remarqua :

— Vous avez de la chance d'être à Rio. Ici, personne ne s'étonnera que le directeur de la banque vienne en pleine nuit.

Effectivement, le gardien de nuit salua respectueusement Kurt de sa cabine vitrée, sans manifester aucune surprise.

Ils gagnèrent le bureau de Kurt. De là, il y avait un ascenseur direct menant au sous-sol où se trouvaient les coffres. Malko sortit le premier avec un petit serrement de cœur. La galerie était fraîche et éclairée par des ampoules grillagées. On se serait cru un peu dans une prison. En face de l'ascenseur, s'alignait une longue rangée de coffres scellés dans le mur. Kurt s'avança jusqu'au sixième coffre.

— C'est là, dit-il.

Sans attendre, il tira de sa poche le trousseau que Malko avait déjà vu. Il y avait deux clefs. Avec la première, il fit un demi-tour à gauche et un à droite. La seconde était plus petite et il se contenta de l'enfoncer et de tourner doucement. Puis, il tira la porte du coffre. Elle s'ouvrit sans bruit.

Malko se pencha sur la cavité béante. Il y avait trois étagères d'acier espacées d'environ trente centimètres. Sur la plus haute étaient rangées en rangs serrés des liasses de dollars, de livres sterlings et de francs suisses. À vue de nez, il y en avait pour cinq cent mille dollars. Alvaro Cunha ne devait pas avoir tellement confiance dans le cruzeiro.

La seconde étagère ne contenait presque rien. Quelques écrins à bijoux et un petit tas de lingots d'or rectangulaires ainsi qu'un lourd pistolet noir à la crosse d'ivoire et une boîte de cartouches.

C'est sur la troisième que se concentra Malko. Elle était pleine de papiers et de dossiers. Silencieusement, il se pencha et prit une liasse qu'il passa à Kurt. Celui-ci la déposa sur une petite table, au bout du couloir. En trois voyages, les deux hommes eurent vidé le coffre. Rapidement, Malko commença à trier. La pile du dessus était faite de titres qu'il feuilleta rapidement. En dessous, il y avait des dossiers et des lettres. Il trouva enfin ce qu'il cherchait presque à la fin du paquet. Une mince chemise verte portant à l'encre rouge la mention « À n'ouvrir qu'après ma mort ».

Pendant que Kurt remettait soigneusement les autres papiers dans le coffre, Malko étudiait le contenu de la chemise. Il y avait d'abord plusieurs pages dactylographiées reliées par un trombone : la liste des avoirs mobiliers d'Alvaro Cunha. Ensuite, différents titres de propriété, enfin toute une correspondance entre Alvaro et sa fille.

Il restait une enveloppe, même pas fermée.

Malko en tira une feuille de papier pliée en quatre. Il la déplia le cœur battant. C'était le document qu'il cherchait. Kurt lut, par-dessus son épaule, le texte tapé à la machine :

« Je soussigné Alvaro Cunha, né le 7 décembre 1901 à Belem (État de Parana) et domicilié à Rio, 18 Avenida Juliano Moreira, déclare par le document ci-dessus donner tous pouvoirs pour la gérance et l'exploitation de mes biens au docteur Alfonso Crandao, mon avocat.

« Après mon décès, il aura la charge de gérer au mieux mes biens dont je lègue la totalité à ma fille unique Linda.

« Au cas où celle-ci décéderait également ainsi que tous ses héritiers, le docteur Crandao fera diligence pour que tous mes biens reviennent à l'État de Guanabara. »

Malko retint un cri de joie. Au-dessous de la mention finale : fait à Rio de Janeiro le 1er mars 1969, il y avait seulement une large croix tracée à l'encre bleue. Le papier portait l'en-tête de la banque de Mines Geraes.

— Le vieux Cunha venait souvent dicter ses papiers importants chez nous, expliqua Kurt. Comme c'était un client important, nous mettions une secrétaire à sa disposition. Et c'est vrai, il ne savait pas écrire. Tous ses chèques sont signés de la même façon : d'une croix. On le savait et son carnet de chèques ne quittait jamais son coffre.

— Vous avez une feuille de papier et une machine, en haut ? demanda Malko calmement.

— Certainement, dit Kurt. Suivez-moi.

Ils remirent tous les papiers dans le coffre, ne gardant que l'enveloppe et le testament, puis refermèrent le coffre et remontèrent dans l'ascenseur. Cette fois, ils allèrent au troisième où Kurt avait son bureau personnel. Il alluma et désigna à Malko la place de son secrétaire.

— Le papier est dans le premier tiroir, dit-il.

Malko s'installa à la machine tandis que Kurt tirait une bouteille de vodka russe du tiroir de son bureau avec deux verres. Malko n'avait pas tapé à la machine depuis longtemps. Mais il se concentrait tellement qu'il ne dut recommencer que deux fois le texte, que Kurt venait de traduire en brésilien.

Il se relut avec satisfaction :

« Je soussigné, Alvaro Cunha, né le 7 décembre 1901 à Belem (État de Parana) et domicilié à Rio de Janeiro, 18 Avenida Juliano Moreira, déclare par le document ci-dessus donner tous pouvoirs pour la gérance et l'exploitation de mes biens au Senhor Kurt von Falkenhausen, directeur de la Banque de Mines Geraes.

« Après mon décès, il aura à charge de gérer au mieux mes biens dont je lègue la totalité à ma fille unique Linda.

« Si elle venait à décéder, ainsi que tous ses héritiers, je charge Kurt von Falkenhausen de gérer son héritage au mieux afin de consacrer le revenu de mes biens à la fondation d'un Musée de peinture. »

Il tapa la date et retira la feuille de la machine. Kurt lui tendit un stylo « marker ».

— C'est avec ça qu'il signait toujours, dit-il.

Avec application, Malko s'assit au bureau et d'une main ferme traça une croix en dessous du document.

Kurt plaça les deux feuilles l'une à côté de l'autre. Les croix étaient parfaitement identiques. Malko demanda à Kurt avec un peu d'inquiétude :

— Vous croyez que personne ne protestera ?

Le banquier tourna un visage soucieux vers Malko :

— Le seul qui pourrait protester, c'est le docteur Crandao. Mais tout le monde ici sait qu'Alvaro Cunha signait d'une croix. Je peux en témoigner...

Malko ferma à demi les yeux. Une onde glacée courut le long de sa colonne vertébrale. Pour la première fois depuis très longtemps, il avait envie de tuer.

— Le docteur Crandao ne nous fera plus aucune difficulté sur cette affaire, dit-il d'un ton qui fit frissonner Kurt.

D'un geste soigneux, il prit alors le premier testament et le déchira en deux. Il reprit les morceaux et les déchira encore et encore. Quand il n'y eut plus que des confetti. Kurt tira son briquet et versa un peu d'essence à briquet dans le cendrier où ils avaient mis les bouts de papier. Une petite flamme claire s'éleva et vacilla quelques minutes. Les deux hommes la regardaient, fascinés.

Quand il n'y eut plus que des cendres, Malko prit le cendrier, tira un mouchoir de sa poche et vida les cendres dedans. Il replia soigneusement le mouchoir et le remit dans sa poche. Puis il tendit la main à Kurt :

— Merci, fit-il simplement. Ce que vous faites a une importance fantastique pour moi et pour les choses en lesquelles je crois. Très peu de gens seront au courant de ce que vous avez fait, mais ceux-là vous porteront en secret une immense estime.

— Je n'ai besoin que de la vôtre, répondit Kurt.

Ils éteignirent et redescendirent à la salle des coffres. Il ne leur fallut que très peu de temps pour replacer l'enveloppe dans le coffre, sur l'étagère où elle se trouvait avant leur intervention.

Le veilleur de nuit dormait quand ils ressortirent. Sans mot dire ils reprirent la direction de Leblon. Durant le trajet, ils n'échangèrent pas une parole. Quand la Chevrolet stoppa devant la villa, Malko dit rapidement :

— Je n'ai pas le temps d'entrer, Kurt. J'ai encore beaucoup à faire cette nuit. Je ne sais pas si je vous reverrai. Pour plus de précautions, je préfère qu'on ne nous aperçoive pas trop ensemble. C'est dommage. J'aurais aimé que nous restions amis. Peut-être plus tard...

« En ce qui concerne le manganèse, vous serez contacté par le second conseiller de l'ambassade, Larry Gallo. Faites ce qu'il vous dira. Adieu !

Kurt ne répondit pas. Mais avant de quitter la voiture, il donna l'accolade à Malko.

La Chevrolet fit demi-tour dans un crissement de pneus et reprit la direction de Rio. Malko pleurait presque de fatigue. Sa paupière gauche était agitée d'un tic nerveux et ses mains crispées sur le volant comme des serres d'oiseau de proie. Avant le jour, il voulait tuer le docteur Crandao.

CHAPITRE XIII

Il y avait huit balles dans le chargeur et une dans le canon. C'étaient des balles nickelées et brillantes qui donnaient envie de jouer avec. Mais chacune était propulsée par une charge double et capable de transpercer le corps d'un homme à cent mètres.

Malko fit lentement glisser sa culasse et remit le pistolet dans sa ceinture. Il n'y avait pas un bruit sur le palier et il avait écouté, l'oreille collée à la porte, pendant près de dix minutes. Aucun bruit ne filtrait de l'appartement des Crandao. Il avait laissé sa voiture à cinq cents mètres de là et personne ne l'avait vu. Maintenant, il devait réaliser la partie la plus folle de son plan : entrer dans l'appartement. La seule chance venait de ce que Crandao ne s'attendait certainement pas à son retour.

Il tourna lentement dans la serrure la clef qu'il avait emportée.

C'était un risque énorme de venir chercher l'avocat tout seul. Mais c'était un compte que Malko préférait régler lui-même. Crandao avait fait trop de mal.

La porte tourna lentement sur ses gonds. Il était près de cinq heures du matin et le jour se levait déjà. Une faible lueur filtrait à travers les volets et permit à Malko de se diriger. Le pistolet à la main, il traversa le salon et s'arrêta sur le seuil de la bibliothèque.

Le cadavre de Ruth avait disparu et la pièce était déserte. Malko fit demi-tour et se dirigea vers les chambres. Il savait que celle de Alfonso Crandao était la première à droite dans le couloir. La porte en était fermée.

C'était peut-être un piège mortel mais Malko ne pouvait plus hésiter. De la main gauche, il tourna la poignée et rabattit violemment la porte. Il trouva aussitôt le bouton électrique. Le canon du pistolet balaya la pièce. Le lit n'avait même pas été défait.

Malko fit rapidement le tour de l'appartement. Les Crandao avaient disparu, en emmenant le corps de Ruth. La fuite de Malko avait dû les faire changer d'avis et ils avaient préféré se débarrasser du cadavre.

Il y avait deux solutions : attendre dans l'appartement ou dehors. Il choisit la seconde. Il étouffait dans ses pièces qui sentaient encore l'âcre odeur de la cordite brûlée, avec le relent fade du sang répandu sur le tapis de la bibliothèque. Il referma la porte et descendit l'escalier en passant devant le portier endormi. Le soleil se levait sur le Corcovado. Malko alluma une cigarette et décida de rester dans le hall de l'immeuble, protégé des regards par les reflets de la grande porte en verre. Crandao allait sûrement revenir, avec ou sans sa femme. Il remit son pistolet dans sa ceinture, et s'assit sur un petit banc

Le bruit caractéristique de pétrolette d'une Volkswagen fit sursauter Malko. Il s'était assoupi. D'un bond, il fut debout au moment où la petite voiture verte se garait en face de l'immeuble. À travers la lunette arrière on distinguait les silhouettes de deux personnes.

Un chaud rayon de soleil frappa Malko quand il sortit. La bouche pâteuse, ivre de sommeil et de fatigue, il cligna des yeux quelques secondes. Malgré son épuisement, une détermination féroce lui fit reprendre le contrôle de lui-même. C'était la dernière occasion de régler l'histoire Crandao. Malko avait horreur de tuer, surtout de sang-froid, mais le personnage de Crandao le dégoûtait comme un serpent. Cet homme n'avait aucune sensibilité, rien d'humain. Il espérait seulement de tout son cœur que Lisa Crandao n'interviendrait pas.

Du pouce, il repoussa le cran de sûreté de son long pistolet extra-plat. Le canon reflétait le soleil. Lentement, Malko descendit le perron de l'immeuble. Maintenant, il était calme et détendu, en paix avec lui-même. Il ne se pressait pas. Cela aurait été facile, d'où il était, d'abattre le Brésilien par-derrière. Son arme était assez puissante et précise pour cela. Mais il préférait affronter Crandao face à face. Il eut une pensée pour Kurt. Son cousin l'aurait approuvé.

Ragaillardi par cette pensée, il s'avança calmement vers la voiture. Crandao le vit au moment où il refermait la portière de la Volkswagen. Une seconde, il demeura immobile. De l'autre côté de la voiture, Lisa Crandao poussa un petit cri. Elle avait vu le reflet du soleil sur l'arme.

Malko marchait toujours vers le couple, l'arme au bout du bras. Le docteur Crandao réprima un geste saccadé vers sa ceinture. Puis, il se mit à marcher très lentement vers Malko.

Brusquement, le soleil se leva, inondant la place de lumière. Surpris, les trois s'arrêtèrent. Sur la petite place déserte, il n'y avait plus que le Bon et le Mauvais, face à face, comme dans les vieux affrontements du Far West.

Malko s'arrêta.

Il y eut une fraction de seconde de tension insupportable, puis, il dit à voix haute :

— Je vous avais promis de revenir vous tuer, Senhor Crandao.

Le pistolet noir cracha une lueur jaune-orange avec un bruit imperceptible, au moment où Crandao faisait jaillir de sa ceinture un gros revolver nickelé. Il appuya sur la détente au moment où l'arme de Malko tirait pour la seconde fois.

Il y eut une détonation assourdissante mais Crandao se cassa en deux. Sa seconde balle frappa l'asphalte et il tournoya sur lui-même. Impassible, l'arme à la hanche, Malko vidait son chargeur sur la petite silhouette noire.

Lisa Crandao poussa un cri féroce en voyant son mari tomber. Elle fouilla fiévreusement dans son sac et en tira le petit automatique nickelé avec lequel elle avait abattu Ruth. Crandao n'était plus qu'un petit tas inerte par terre, agité de soubresauts. Déjà un long filet de sang coulait de sa poitrine. Malko tira encore une fois sur lui.

Il lui restait une balle. Et il ne voulait pas tirer sur Lisa Crandao. À aucun prix. Seulement lui faire peur. Si elle tirait, elle, eh bien, sa carrière et sa vie se termineraient là, sur cette petite place tranquille de Rio de Janeiro.

Le canon du pistolet noir décrivit un arc de cercle. Mais il se passa alors quelque chose d'absolument inattendu. Au moment où Lisa Crandao se trouva en face de ce trou noir qui allait cracher la mort, elle poussa un cri inarticulé, jeta son arme et partit en courant, tournant le dos à Malko.

Celui-ci baissa son arme, infiniment soulagé. Il allait vers le cadavre de Crandao quand un grondement survint de la petite rue derrière la place.

Un énorme camion surgit à toute vitesse sur la petite place. Malko n'entendit pas le cri de Lisa Crandao, mais le devina. L'énorme véhicule la cueillit à mi-corps. Un instant, elle parut planer, puis retomba sur la roue gauche du camion. Son hurlement, lorsque sa cage thoracique fut écrasée comme la carapace d'un scarabée, glaça Malko. Affolé, le conducteur du camion fonçait droit sur le corps de l'avocat. Une roue passa sur la tête, la faisant éclater comme un fruit trop mûr. Pétrifié d'horreur, Malko vit défiler le camion devant lui. Les yeux exorbités, le chauffeur ne pensait même pas à freiner. Il tourna à gauche, dans la Praia de Botafogo et disparut.

Malko n'eut pas le courage de s'approcher du corps de madame Crandao. La roue l'avait presque coupé en deux. Un escarpin mauve avait sauté à trente mètres.

Il remit son pistolet dans sa ceinture. La place était redevenue silencieuse. Seuls les deux corps disloqués et sanglants rappelaient que ce n'était pas un mauvais rêve.

Comme un automate, Malko se mit à marcher vers la mer. À sa gauche un avion décolla de Santos-Dumont et grimpa dans les nuages avec un bruit de tonnerre. Rio s'éveillait. Un groupe de Noirs qui n'avaient pu regagner leur favella avant l'orage et avaient dormi sous une porte cochère, regardèrent avec curiosité passer cet homme bien habillé à la peau claire et au visage hagard.

Malko était à bout de fatigue et d'épuisement nerveux. Il se sentait aussi vide que le joueur qui quitte le casino à l'aube. Machinalement, il tâta sous sa chemise la petite *figua* en or que lui avait donnée l'infirmière. Il avait envie de vomir et de ne plus penser. Soudain, une musique familière le fit sursauter.

Il fut doublé par le groupe joyeux des Noirs qui remontaient vers leur favella en chantant à tue-tête la ritournelle de la *Samba des Langoustes :*

Est-ce que la langouste est un poisson?
Est-ce qu'elle nage ou marche au fond?
Qu'importe que je n'en sache rien
Je n'en mangerai jamais, même un brin.

Machinalement, il accéléra le pas, envoûté par la musique. Il savait qu'il n'oublierait jamais cet air-là.

ABONNEMENTS — RÉABONNEMENTS 2014

Je souhaite commander les numéros suivants

☐ SAS   N°...

frais de port (par vol = 1,70 €) **et remise 5 % inclus** dans ces tarifs
port Europe (par vol = 3,50 €)

TOTAL =..€

Paiement par chèque à
Editions Gérard de Villiers
15, chemin des Courtilles
92600 Asnières

Nom :..........................Prénom........................
Adresse...
....
Code postal................Ville................................

SAS : Je souhaite recevoir
- les volumes cochés ci-dessous au prix de 7,50 € l'unité, soit :
N°..
.... livres à 7,50 € = ...€

+ frais de port = ...€
(1 vol. : 1,70 €, 1 à 3 vol. : 3,50 €, 4 vol. et plus : 5,00 €)

TOTAL .... (ajouter à TOTAL abonnements) .... = ...€

Contact : Philippe Kaniszay
editions-gerard-de-villiers@orange.fr
Tél. : 01 41 21 37 88

Gérard de Villiers

Un demi-siècle
de littérature populaire

BON DE COMMANDE

LE LIVRE QUE VOUS N'AUREZ JAMAIS FINI DE LIRE

Je désire recevoir à l'adresse ci-dessous ...... exemplaires du titre
L'Anthologie érotique de SAS

au prix unitaire ttc de 17 euro pour un total de .... euro
et je règle ma commande par chèque joint à la présente

Nom :……………………………..Prénom…………………

Adresse……………………………………………………………

………………………………………………………………………..

Code postal………………Ville…………………………………

PAIEMENT PAR CHÈQUE À
ÉDITIONS GÉRARD DE
VILLIERS
15, CHEMIN
DES COURTILLES
92640 ASNIÈRES-SUR-SEINE

PORT OFFERT !

SAUVE-QUI-PEUT À KABOUL [1]

Mission impossible : assassiner le président Karzaï. Malko a eu tort d'accepter.

GÉRARD DE VILLIERS

SAUVE-QUI-PEUT À KABOUL [2]

Malko est traqué dans Kaboul. Apparemment tout le monde veut sa peau. Même ses amis…

GERARD DE VILLIERS

SAS
LES FOUS DE BENGHAZI

Dans la Libye à feu et à sang une course mortelle contre la montre!

GERARD DE VILLIERS

Cet ouvrage a été imprimé en France par

à La Flèche (Sarthe), le 26-09-2014

Mise en pages : Firmin-Didot

ÉDITIONS GÉRARD DE VILLIERS

N° d'impression : 3007425
Dépôt légal : septembre 2014
Imprimé en France